Ricardo Giuliani Neto

NAS COX!AS DO PODER

Porto Alegre
2012

Preparação
Gustavo Faraon

Capa
Humberto Nunes

Revisão
Rodrigo Rosp

Foto do autor
Fábio Martins

Dados Internacionais de Catalogação na Publicação (CIP)

G537n Giuliani Neto, Ricardo
Nas coxias do poder/ Ricardo Giuliani Neto. – Porto Alegre : Dublinense, 2012.
128 p. ; 21 cm.

ISBN: 978-85-62757-78-5

1. Literatura Brasileira. 2. Crônicas Brasileiras. 3. Direito (Literatura)
4. Política (Literatura) I. Título.

CDD 869.937

Catalogação na fonte: Ginamara Lima Jacques Pinto (CRB 10/1204)

Av. Augusto Meyer, 163/605
Auxiliadora – Porto Alegre – RS

contato@dublinense.com.br

dublinense

Sonamos Guille! Resulta que si
uno no se apura a cambiar
el mundo, después es el mundo
el que lo cambia a uno!
Mafalda

VOSSAS EXCELÊNCIAS

VOSSAS SENHORIAS

MERITÍSSIMOS

SENHORAS E SENHORES

Anotações de um combatente

Já se vai longe aquele período em que a redemocratização brasileira entrava na adolescência. Em 1998, dez anos após a primeira vitória do Partido dos Trabalhadores em Porto Alegre, uma conquista histórica das esquerdas que logo se tornaria paradigma internacional, Olívio Dutra venceu as eleições estaduais e chegou ao Palácio Piratini. O resultado contrariava todos os prognósticos e punha por terra o projeto de reeleição da aliança que representava as forças mais convencionais da política gaúcha. Independentemente das conquistas e dos desastres que se possam atribuir a Olívio e seu antecessor, o então peemedebista Antonio Britto, que havia se empenhado numa aliança pluripartidária até então jamais imaginável, é fato que aquele momento cristalizou características presentes na mais primária gênese da política do Rio Grande do Sul. Foi um tempo, como poucos, de dualismo. Um tempo de escolhas feitas entre dois únicos caminhos. De todo o Bem de um lado e todo o Mal do outro. Um tempo de CPIs dramatizadas e manifestações inflamadas. Foi antes da era dos grampos. Foi um tempo em que os dossiês difamatórios não eram anônimos. Um tempo, enfim, de extremos e de radicalização.

Naquela época de acalorados enfrentamentos públicos, quando o Rio Grande parecia dividido entre os dois únicos paradigmas possíveis à sociedade, houve personagens que se consagraram como signatários de capítulos fundamentais da história política contemporânea, episódios que, em doses distintas, alterariam o futuro que hoje aqui se vive. Esses homens, em grande parte, haviam experimentado, década e meia mais cedo, uma dicotomia bem mais pesada, quando o período dos regimes militares definia, a duros golpes, as fronteiras entre esquerda e direita. Daí, possivelmente, seu caráter fortemente combativo: muitos haviam passado pela experiência da clandestinidade, da formação de células, pela luta armada, pelas celas das prisões arbitrárias, pela formação ilegal de sindicatos e associações. Ou, no outro extremo, homens que haviam se associado francamente às forças de poder que fizeram a ditadura e, assim como souberam aproveitar os benefícios da corte, não se incomodaram em pagar a pecha anos mais tarde. Foi uma época de combates pesados, em que não havia amadores ou aventureiros. Quem ali estava, disposto a ser batido publicamente, de algum modo, eram agentes políticos no mais sólido sentido da expressão, quer estivessem em um campo ou outro.

Nesse período, consolidaram-se no cenário da política gaúcha grandes homens de linha de frente e outros que, mesmo sem qualquer mandato, faziam girar a roda do poder lutando nos bastidores. Quem conhece esse ambiente sabe que é na cozinha dos palácios, fora das lentes dos fotógrafos, que a briga costuma ser mais pesada.

Um desses homens é Ricardo Giuliani Neto. Ao contrário de outros dos seus contemporâneos, ele soube imprimir suas marcas pela conquista do respeito, nunca pelo exercício do terror ou pela faculdade do mando, expedientes comuns numa terra em que se incensam os caudilhos.

Pensador político, estrategista, conselheiro, acadêmico, militante, tribuno e articulador, Giuliani cresceu muito ao ousar algo que, nesse tempo do qual falamos aqui, era visto como sacrilégio. Mais que incansável na disposição ao diálogo, habilitou-se num tipo raro de diplomacia, a diplomacia dos tempos de guerra. Com trânsito livre e acesso privilegiado entre lideranças de – literalmente – todas as matizes ideológicas, conseguiu sustentar, na prática, e com integridade intelectual, as diretrizes éticas que o moldaram desde a adolescência, sem com isso, no entanto, parecer um daqueles adultos que se vestem com roupas inadequadas à idade. Um homem de opiniões fortes que, entretanto, mantinha sempre abertos os canais de debate.

Diferentemente de outros personagens que também fazem parte dessa história, o tempo de Giuliani não foi, não está no passado. Continua sendo. Embora afastado da vida partidária, segue escrevendo capítulos decisivos dessa cronologia. Uma de suas marcas, assim, é a constância. Outra, a perseverança. Sua presença permanente nos meios de comunicação – quer como entrevistado, quer como fonte de reportagens – consolidou-se como um dos últimos fenômenos espontâneos de popularidade. A receita mais provável: coragem e credibilidade.

Numa época em que boa parte da produção intelectual é pulverizada no infinito da internet, o volume que ora se apresenta surge como uma oportunidade rara. Concentram-se aqui as anotações de um combatente, escritas sob a lembrança ainda fresca da escaramuça e, depois, guardadas no embornal. São testemunhos e, em muitos casos, pedras nos próprios sapatos. São crônicas e artigos que, mais que apresentar verdades, levantam questões quase nunca convenientes. Aí sim, na contramão da história, Giuliani se mostra como um apologista da perseverança. Reinventa a crença, o otimismo responsável, a esperança por vezes mesmo desapaixonada. Mas esperança de quê? Esperança, talvez como fim. Ou talvez como uma boa colcha de verdades que cada leitor tecerá à luz das suas próprias convicções. Ou das suas dúvidas. Será, de todo modo, uma leitura impactante.

Gustavo Machado
Jornalista e escritor

VOSSAS EXCELÊNCIAS

O caminho das pedras e a política dos de pouca fé

Dizem que Jesus, certa feita, resolveu caminhar sobre as águas. E foi então que, com a naturalidade do filho do Senhor, deslizou sobre o mar revolto. Pedro, sujeito muito do convencido, galo o suficiente para negar por três vezes o próprio mestre, afirmou para si: se ele vai, eu também vou! E assim, a passo largo, escondendo as inseguranças próprias do discípulo que se pretende titular, lançou-se ao mar. Dizem no interior deste brasilzão: "Tiro dado é bugio deitado". Pois é, Pedro afundou até o pescoço.

Daqui, a sabedoria popular exclamando: "Homens de pouca fé"!

Nisso, Jesus, que já andava longe da terra na direção da barca, olhou para trás e o que viu foram as melenas e as barbas brancas de Pedro boiando pelo pescoço. "Que é isso, Pedro? Que coisa é essa?". "Mestre, também queria andar sobre as águas, como tu!", gritou Pedro, misturando água gelada bebida e resignação penitente. Foi quando Jesus, pela audácia do discípulo, mirando-o de soslaio, com a voz mansa do filho do Criador, disse a Pedro: "Está bem, se queres andar sobre as águas, não há problemas". E, acenando o braço da esquerda para a direita, convidou o discípulo: "Pedro, Pedro, o caminho das pedras é mais pra cá".

Foi assim que o mestre ensinou ao discípulo o velho e batido caminho das pedras. Aquele caminho que até os homens de pouca fé podem trilhar.

A política é feita por quem conhece esses atalhos. E não tenham dúvidas de que base de apoio no Parlamento não é nem nunca foi o produto da soma aritmética dos deputados que anunciam adesão ao governo eleito. O som das galerias e os estampidos dos cargos em comissão formam a convicção de todos aqueles que, tal qual o mestre, desejam caminhar sobre as águas para beber das benesses de uma pragmática política que mata de torto a direito.

De tudo, uma coisa é certa: tais homens, mais do que pouca fé no governo a que aderem, têm a astúcia daqueles que, uma vez aprendido o caminho das pedras, tomam-no para si, e só para os seus, pouco se importando se há esquerda ou direita.

Era uma vez três porquinhos

Eis que nas florestas do Planalto recomeçam os bailes entre governo e oposição. Para variar, as tentativas no mundo da baixa política, invariavelmente, são as de uns aniquilarem os outros. Argumentos? Pouco importa! Vale é o tiro que se pretende certeiro.

Foi então que os três porquinhos resolveram fazer suas vidas. Desejavam a plena estabilidade e, como uns são diferentes dos outros, puseram-se a trabalhar, cada um a seu modo e, como cada qual, cada um com seus cada quais, elegeram a presidenta da floresta. Ela, com o carinho das mães, logo os batizou: "meus três porquinhos".

Cícero não era vadio, porquinho brincalhão e simpático; certa feita, foi escolhido para presidir o partido que hegemonizava as florestas do Planalto. Era do seu estilo, porco de relacionamento fácil e fluente. Sempre visto pelos arvoredos do sul, do leste, do... bom, dos quatro cantos. Tivera tempo somente para construir uma choupana de palhas, dessas que se junta no caminho, dessas onde o frio passa pelas frestas. Tantas as noites e friagem, tantas as investidas do vento, que Cícero acabou adoecendo e cedendo seu lugar de presidente do partido para o falcão que sempre o espreitara. O porquinho voltou para casa e não mais se ouviu falar dele pelas tenebrosas florestas do Planalto.

Heitor, um porquinho mais esperto. Muito respeitado na floresta. Tinha pinta de intelectual e se comportava como um erudito. Lógico, já havia sido representante da bicharada lá pela floresta do Planalto. Mas nada falava sobre a súbita decisão de não mais pleitear representação alguma. Simplesmente deixou de concorrer para tornar-se ministro; nome que os humanos dão para os que giram em torno da Grande Chefa. Resolveu, já que nada mais representava, construir uma cabana de madeira. Aprendera com a experiência de Cícero, palha é frágil, traz doenças e outras moléstias. Já madeira, que se encontra no caminho, é nobre e também não exige tanto tempo de trabalho; dá proteção e certa posição no mundo da floresta. Está por lá ainda agora, com a casa firme, dá explicações que não lhe pediram.

Homero, bom, Homero era o cara. Porco trabalhador e de larga visão. Suíno que trabalhava com os olhos no futuro e no além do horizonte. Enquanto Cícero e Heitor eram vistos perambulando pelas confrarias da floresta, Homero, prático como também era conhecido, dedicava-se à construção da sua casa; nada de palha, muito menos madeira. Sua casa seria de concreto e de tijolos. Lógico, construir um edifício de concreto e de tijolos demanda tempo e muito, mas muito trabalho. Por isso, não era visto nas ladainhas próprias dos bichos que se querem mostrar. Estava por lá o tempo todo, mas sempre discreto e visto por quem deveria vê-lo.

Tudo corria às mil maravilhas até que o lobo mau, o bicho gagá da floresta do Planalto, sem mais saber o que fazer, sentou-se para ler o jornal. Sim, o lobo mau, de tão ultrapassado que era, de tão mau que se achava – ou melhor, se tinha certeza –, não tinha a menor ideia do que deveria fazer para aparecer aos demais bichos. Sim, fazia tempo que o lobo mau não tinha o que dizer, não tinha o que discursar, não tinha propostas para os bichos eleitores. O jornal trazia a notícia de que prático, o porquinho Homero, havia construído uma casa com concreto e tijolos. Eureka! O discurso do lobo mau foi dado pelo jornal.

Foi então que Homero, o porco prático, discreto, trabalhador, um suíno de olhar plantado no futuro, começou com os seus problemas. Como um porco consegue ter tijolos e concreto no mundo da floresta? Como um porco, ao contrário dos seus semelhantes, consegue manter-se tão discreto que ninguém o percebe como o prático que sempre foi?

E foi assim: o lobo decrépito e de fala vazia, que há tempos frequentava o analista para se bem compreender, assumiu as trombetas e as ladainhas da floresta. E a bicharada? Continua por aqui. Olho no prático. Todos queremos saber como se consegue tijolos e concreto no mundo da floresta.

Eu me odeio... e sou correspondido por mim mesmo

Há uma frase atribuída ao Washington Olivetto – e só pode ser dele mesmo – em que, ao falar de si mesmo, diz: "Eu me amo, e o pior, sou plenamente correspondido". É realmente muito boa. Se os cínicos não admitem o amor próprio, os loucos enterram o sentido humano da autopreservação.

Existe um outro ambiente das relações humanas onde a máxima olivettiana inverte o sinal: na política. Aqui, nesta selva de hipocrisias, os políticos se odeiam e são plenamente correspondidos. O interessante é que o ódio é mais intenso quanto mais próximo for o político. Quero dizer, quanto mais longe, menor o ódio e o desejo de destruição do adversário; por outra, quanto mais perto, "mais companheiro", maiores os riscos e os desejos de destruição.

Vamos à prova dos nove. Encaremos o sistema eleitoral brasileiro, e a tese antropológica, científico-política, psicanalítica ou pitaqueana – por que não? – tomará feição de certeza matemática.

Imaginem uma eleição qualquer onde um sem-número de candidatos pleiteiem vaga. O partido político organizará uma lista, que, por definição legal, é aberta, e é apresentada ao eleitorado para que ele a organize. Ou seja, a ordem dos eleitos dependerá do número de votos obtidos por cada um dos candidatos; os eleitos serão tantos quantos a legenda partidária, a partir de um dado coeficiente eleitoral, conquistar. Sendo didático, se num colégio eleitoral de cem eleitores, diante de uma câmara de representantes com dez cadeiras, o partido obtiver vinte votos, elegerá dois candidatos. Os sortudos, portanto, serão os dois mais votados na lista apresentada – desordenadamente – pelo seu partido.

Ótimo! Estamos prontos para o ódio. Vejam que os candidatos não disputam a eleição contra partidos ou candidatos com propostas diferentes de si mesmos ou dos seus partidos. Cada partido apresenta lista própria e dentro dela a briga será de foice; se por vezes brigarão com palavras ou martelos, não sabemos, mas o certo é que sempre brigarão pelo milhão. Por quê? Porque pouco importa a lista ou a proposta política dos outros, dos "adversários", a luta, a matança política, será para determinar o topo da lista entre "companheiros". Propostas ou programas? Bobagem! A luta é fratricida ou, dito de outro modo: para sobreviver dentro de casa é preciso matar os irmãos; se não matar, aleijar pode!

Imaginem, pois, os municípios de Fundomundópolis, Buracópolis ou Cacimbinhas. Todos os candidatos de todos os partidos deverão dar uma passada em cada um deles anunciando-se como o adequado, o melhor. Para isso, são necessários os milhões, e as vezes os palavrões que um companheiro ouve do outro por ter "invadido" sua "base eleitoral". É desse método, que privilegia a pessoa, que nasce a fórmula vigente de financiamento privado das campanhas. O sucesso não está em derrotar o adversário político, mas derrotar politicamente o companheiro, jogando-o para baixo na lista eleitoral.

É dessa metodologia eleitoral que as famosas emendas parlamentares ganham sentido e função e também é daqui que se retira a justificativa para a baixa taxa de renovação das casas parlamentares. Por outras palavras, é esse modelo que privilegia o privilégio e desequilibra o processo eleitoral, pois quem está dentro vai para a eleição com infinitas e superiores vantagens e, com gordas verbas "doadas" pelos chefes dos poderes executivos, trocam o país por governabilidade.

Então, e a partir desse juízo sobre a realidade institucional eleitoral, defendo a lista fechada pré-ordenada e financiamento público integral das campanhas eleitorais.

À prova dos nove, outra vez. Com lista fechada, o melhor amigo do companheiro de partido será o companheiro de partido. A razão? A eleição de um dependerá do esforço comum de todos. Ninguém mais brigará pelas "bases" do outro, inexistirão as viagens milionárias, e os cabos eleitorais convencidos mediante paga minguarão. Sim! As emendas parlamentares aos orçamentos públicos perderão o sentido cartorial e corruptivo. A lista fechada obrigará – "objetivamente" – os partidos a agirem como partidos, como estruturas propositivas, programáticas e coletivas.

Nessa medida, o financiamento público de campanha torna-se viável e necessário. Todavia, quase todos dirão que a proposta é impossível, já que os partidos são estruturas corruptas e cartoriais e que as castas partidárias serão as beneficiadas, etc. Tudo compreensível! Lógico! Os partidos já são isso mesmo.

Derrubemos, pois, preconceitos, fantasias e ingenuidades. Tenhamos atenção em todas as questões postas ao debate, sem beicinhos e sem a mania de reclamar sem nada de positivo propor.

Não esqueçam: eles se odeiam e são completamente correspondidos por eles mesmos. Motivos? Há de sobra!

Reforma política para quê?

As discussões, normalmente, podem ser divididas em duas categorias, a saber: as compreensíveis e as incompreensíveis. Aliás, classificações vêm ao gosto do freguês. As discussões podem ser ordenadas em simples e complexas, úteis ou inúteis, eruditas ou populares, simplórias ou sofisticadas.

Vejam, posso escolher os temas sobre os quais nos deteremos e, então, viajaremos política, religião, economia, música, taxidermia, ufologia, antropologia, medicina; moral da história: posso correr até o fim da vida e teremos discussão para dedéu. O que importa afirmar é, longe de qualquer conclusão possível ou imaginável, a discussão somente terá sentido se, preliminarmente, estiver assentada num acordo sobre os objetivos com ela pretendidos. Discutir por discutir é pura perda de energia e amor ao nada produzir.

A discussão "meramente" acadêmica, sem pretensões de concretude, traz consigo um objetivo: a construção do conhecimento, seu desenvolvimento, emolução ou aplicação.

É possível, pois, que o dono do boteco da esquina sinta utilidade numa discussão sobre os destinos da dívida soberana. Sim!, querer saber os efeitos que a consertação internacional, a partir da crise grega, produzirá sobre o preço do fumo-de-rolo pode ser relevante à sobrevivência do mercadinho interiorano. Do mesmo modo, possível é que o PhD em filosofia neokantiana queira discutir os efeitos que a cerca de alecrim ou de pedra produziam na contenção dos touros durante o processo de acasalamento bovino nos meados do século XIX.

Sim, tudo é possível. E isso será assim desde que uma condição esteja presente na decisão e na disposição de quem discute: a finalidade da discussão, o seu objetivo final. Ou por outra, discutimos para quê?

Então, o tema proposto à reflexão é singelo: reforma política, fazê-la para quê?

Notem que o mundo político, induzido pela esfera midiática, trata e retrata a tal de reforma política como o único movimento político capaz de salvar o Brasil. Salvar o Brasil para quê? Mas se não é para salvar o Brasil, é para arrumar o Brasil. Arrumar o Brasil para quê? Então, seria para varrer a corrupção do Brasil. Varrê-la? Para quê?

Vejam que a discussão, por si mesma, torna-se autojustificativa quando um "valor moral" é posto em jogo. Normalmente, quando queremos que a "nossa moral" particular seja universalizada, transformando-se na moral de todos, qualquer discussão toma a potência dos sete mares. Todavia, mesmo forte e convidativa, quedará incapaz de resolver os problemas e os desafios concretos da vida, mais quando a seara de contenda é política misturada com moral. A moralização da política é um tipo de lacerdismo, udenismo, ou, sendo direto, uma abordagem pela direita.

Do botequeiro ao PhD em filosofia, ficha limpa é conversa que rende. E rende tantas conclusões que conclusão alguma é capaz de gerar consenso ou articulação pragmática e real. Transponham o tema para a "reforma política" e verão que, fundados em moral e ética, alcançaremos as mais complexas conclusões ou as mais fáceis "soluções". Enquanto isso... Maluf está no Congresso, Garotinho está no Congresso e, etecéteras e muitos etecéteras, e o futuro?, paras as calendas ou para as contendas.

Imaginem se estivéssemos com disposição para ordenar a "reforma política" a partir de uma concepção sobre o Brasil que queremos para o século XXI. Imaginem se estivéssemos dispostos a produzir eixos orientadores para a produção de uma institucionalidade capaz de oferecer inclusão social, distribuição de renda, inclusão educacional e digital, infraestrutura, industrialização e reequilíbrio regional. Imaginem. Sobre qual reforma política estaríamos tratando?

Certamente, não estaríamos preocupados com financiamento público de campanhas ou se a lista de candidatos seria aberta ou fechada. Discutir-se-ia se o Senado da República, nos moldes em que funciona, seria necessário ou não; questionar-se-ia a utilidade de um Poder Judiciário que existe para o pobre e para as classes médias, já que, para o rico, foi concebida a instituição da arbitragem e, para o colarinho branco, reservada foi a impunidade; estaríamos discutindo o peso político do voto do cidadão, no velho adágio "um cidadão, um voto"; estaríamos tratando sobre as possibilidades do Congresso Nacional agir, vergonhosamente, reestimando as receitas públicas de modo a gerar "recursos" furados capazes de viabilizar emendas parlamentares com despesas nem tão furadas assim, mas capazes de induzir uma fatura político-fiscal chamada governabilidade. Imaginem se soubéssemos o porquê de discutirmos o tema reforma política. Imaginem se fizermos uma reforma política com o objetivo de melhorar o Brasil. Sim!, uma reforma desfulanizada e, portanto, institucional.

Como a discussão sobre reforma política não tem um objetivo determinado, politicamente decidido, por evidente, não chegará a lugar algum. O que está andando no Congresso Nacional, seja pelo Senado, seja pela Câmara, não passa de uma reformeca sem sentido ou razão de ser.

Pensem cá comigo: será que não há objetivo algum por detrás de uma discussão de antemão fadada ao fracasso, destinada ao não-resultado? Discute-se por discutir? E isso não será o objetivo escondido por detrás de uma "habilidade" que (pensam) não conseguimos enxergar?

O botequeiro vai preso no tema da dívida soberana, o PhD filósofo consome-se nas cercas de pedra ou de alecrim e nós, politicamente, vamos perecendo, escravos dos nossos juízos morais particulares com pretensão de universalização. Enquanto isso, dizem os sábios, mudemos tudo para nada mudar.

Política com religião, a idiotia do perdão!

Enquanto a mídia contava o quase século de condenação dado para Lindemberg, o matador da Eloá, Gilberto Carvalho, ministro secretário-geral da Presidência da República, "ajoelhava-se" diante de pastores neopentecostais no Congresso Nacional e, em nome do governo brasileiro, suplicava "perdão".

O gosto pelas condenações monumentais tem posto a mídia e o povo numa condição de idiotia. Enquanto o governo erra brutalmente pondo-se de joelhos para um grupo de setenta e quatro deputados e oito senadores, vão os jornais, televisões e rádios contando trinta e um anos para os Nardoni, trinta e nove para a Richthofen, e sangue, mais sangue e circo e sangue no circo.

Aborto, combate à homofobia, ao preconceito e à violência, questões republicanas, a pretexto de religião, servem como álibis para negociações e barganhas no Parlamento. O aborto é a quarta maior causa de morte materna e a quinta maior causa de internação junto ao SUS. Vocês sabiam? Pois é, não se trata de ser a favor ou contra, o que não se pode é impedir que uma questão de saúde pública seja posta na bandeja das barganhas políticas em vista de um exército de fiéis que, entre os evangélicos neopentecostais, somam quarenta milhões de votos.

Magno Malta, um senador do Espírito Santo e cantor gospel – não sei qual a ordem adequada –, foi à tribuna do Senado e chamou o secretário-geral da Presidência da República Federativa do Brasil de safado. Termos "próprios" para um senador da República?! Não lhes parece? Pois o "ex-safado" atravessou a Praça dos Três Poderes e, "ajoelhado", pela voz dos "pastores-políticos" foi perdoado.

A mistura de política com religião a Constituição não perdoa.

Perguntado sobre o caso, diria: não leiam a Bíblia, leiam a Constituição. O Estado brasileiro é laico e política e religião não se misturam; é conquista republicana dos brasileiros de todas as religiões. Nos seus templos, em casa, na rua, leiam a Bíblia, o Alcorão, o Talmude, etc.; professem a crença que quiserem, a Constituição dos brasileiros lhes garante. Não querem ter religião?, não a tenham; a Constituição lhes dá o direito humano fundamental de ser livre e de não tê-la.

Contudo, a disputa pelo poder e os esforços para a construção e a manutenção de uma certa hegemonia política botam no trombone o que de mais nojento existe em termos de realpolitik: a genuflexão, a fala fácil, a promessa em vão e os perdões de ocasião dirigidos à terceira maior bancada com assento no Congresso em vista dos seus quase noventa votos.

Nesse regime presidencialista de coalizão orçamentária, o PT pôs-se de cócoras, subordinando-se aos "pastores-políticos" e submetendo o país a um perigo sem precedentes na nossa existência republicana: misturou política com religião. O resultado dessa química nós deploramos, e a história escarra.

"Idiótes" era como Péricles (495-429 a. C.) classificava os cidadãos atenienses que não se ocupavam ou preocupavam com as causas e os assuntos da cidade; viviam ensimesmados como homens privados – opostos, pois, aos homens públicos. É assim que vamos nós, idiotas desinteressados pelo "perdão" pedido pelo Estado a uma facção religiosa com assentos congressuais suficientes para fazer barganhas políticas em nome da religião.

O pragmatismo pinta-se com as tonalidades da loucura política; para fazer Haddad prefeito de São Paulo, parece que o PT está disposto a, sem trocadilhos, vender a alma; o senador e cantor gospel Magno Malta sabe disso, e disse: "Se juntarmos católicos e evangélicos de São Paulo, Haddad não tem a menor chance". Ora, religião e política pode dar no que já deu!

Um país de bases democráticas e, pelo menos até agora, de profunda tolerância religiosa não pode sequer correr o risco de imiscuir religião com política. E a mídia, nesta quadra, o que faz? Conta os anos das prisões e trombeteia as barbáries dos humanos como nós! Somos "idiótes".

O ato do ministro de Estado é imperdoável e inaceitável! Quiçá não seja o começo, pois não é a primeira vez que a presidenta cede às pressões políticas de índole (pretensamente) religiosa, vide a mudança na linha da campanha eleitoral presidencial quando abandonou bandeiras históricas do seu partido para, assim, cabalar votos neopentecostais.

Já que sou ateu, posso afirmar: Deus nos livre e guarde; vade-retro, xô!

Elites esquizofrênicas e faturas político-fiscais

Vocês sabem a minha opinião sobre o regime institucional brasileiro. Sim, começa na importação de um sistema anti-histórico e termina num proto-histórico presidencialismo de coalização orçamentária. Evidentemente, a partir de Faoro, posso afirmar que o Estado, nascido antes da sociedade, permite, não só os (des)qualificativos que faço, mas assegura "emissões de faturas político-fiscais" pelo Congresso Nacional contra o presidente da República e contra a "pseudoapolítica" sociedade. Ou seja, uma estupidez com nítida eficiência funcional, ou pragmática. Claro, a eficiência precisa ser vista do ponto de vista de quem a aproveita. No caso do Brasil, os beneficiários dessa estupidez institucional desejada, pré-ordenada, instrumentalizada, são as chamadas elites. Por outras palavras, os emissores das "faturas político-fiscais" são os integrantes da tal de "elite" que organizam o Estado à sua imagem e semelhança.

Percebam, as tais elites brasileiras não se resumem aos estamentos econômicos de uma sociedade que paulatina e tardiamente vai-se aproximando da modernidade industrial. A aproximação é tardia, pois, enquanto nos aproximamos da modernidade industrial, a modernidade industrial, na parte desenvolvida do globo, segue em velocidade extrema na direção da contemporaneidade financeira. Lógico, essas "transições" determinam a formulação, ou a reformulação, ou a refuncionalização da sociedade e dos seus próprios estamentos; então, eis o Estado nas nossas vidas. O capitalismo financeiro exige mais que Estado, requer uma nova sociedade.

As elites, não entendidas na forma de um clichê, necessitam de um povo capaz de reproduzir os estamentos desejados, necessários e úteis aos interesses políticos e econômicos das tais elites. É de se perceber, também, de modo claro e não indulgente, que a formação de uma burocracia comprometida consigo mesma – corporativa, por outras palavras – é condição imprescindível para a funcionalização do aparato montado para o atendimento da pragmática exigida para o exercício de um determinado tipo de poder político.

Vejam, funcionários públicos e povo são elementos constituidores – metafisicamente falando, essenciais – e estruturantes do poder de Estado. Então, onde, nos limites deste texto, termina minha cantilena? As faturas político-fiscais existem – na forma de emendas parlamentares – para assegurar a fidelidade política dos dois estamentos falados, o povo e os funcionários públicos.

A quadra esportiva em Fundomundópolis, o aumento de salários aos servidores públicos, as decisões judiciais que flexibilizam o teto remuneratório, as migalhas do salário mínimo ou as excessivas onerações fiscais sobre a folha de salários cumprem a função política de, paradoxalmente, harmonizar povo e Estado; este, Webber já dizia, por intermédio de uma elite de funcionários, produz-se e se reproduz (autopoieticamente). Ora, a aproximação do Brasil com a modernidade econômica começa a expor o esgotamento do modelo gestado à luz do capitalismo industrial. Isso ocorre pela imposição de um arranjo ainda não completamente desenvolvido e testado nos ambientes por onde andamos.

O neoliberalismo, a partir do consenso de Washington, foi uma tentativa, e os seus resultados demonstraram-se horrorosos, pois atingiu o coração dos aliados funcionais das tais de elites: funcionários e povo foram dramaticamente penalizados. Todavia, tais penas, primeiramente, recaíram sobre as parcelas desprotegidas de uns e outros. Professores e policiais, ao contrário de juízes e promotores – bem como seus funcionários –, foram jogados para a rabeira das políticas remuneratórias. Então, o abismo existente entre a remuneração de juízes e professores, promotores e policiais, servidores do Executivo e dos demais poderes, cria uma tensão enorme no aparato, ou melhor, nos estamentos estatais, que o colocam em crise escancarada.

A crise global de 2008 ainda não se esgotou e, portanto, as necessidades de formulação sobre políticas globais e sobre o Estado estão na ordem do dia.

Vejam que os congressistas lutam para aprovar a PEC 300, o Supremo decide pela aplicação do piso nacional remuneratório para professores e, contraditoriamente, as pressões para reajustes de vencimentos de juízes e promotores também recebem acolhida por esse mesmo Congresso que não compreende os novos tempos. O Executivo, desordenadamente, começa a resistir, demonstrando a imperiosidade de uma tomada de decisão e a necessidade de definição de aliados nessa nova quadra da história.

Moral do palavrório: as próprias elites brasileiras ainda não formularam adequadamente um plano de voo de longo curso. O certo é que o atual modelo institucional brasileiro está esgotado, e suas tensões podem gerar a crise, do meu ponto de vista, imprescindível à sua própria superação.

"Coronel de merda", o que se há de fazer?

Não perdi a mania de acompanhar o noticiário e não posso me fazer de louco ou fazer de conta não ter assistido ao bate-boca travado entre os ilustres senadores da República Tasso Jereissati e Renan Calheiros, tudo terçado sobre o azul-anil de um plenário varonil. Em certa medida, o disparate – não dá para afirmar outra coisa – se relaciona com as preocupações que venho desenvolvendo. Então, me pergunto, por que não escrever sobre coronéis de merda?

Pelo uso da expressão "merda", peço-lhes perdão, mas o primeiro caminho para nos envolvermos – ou nos entendermos – é a verdade; revelar o fato como ele realmente ocorreu – podre, malcheiroso, indigno – é premissa sem a qual não chegaremos a lugar algum.

Renan não disse a Tasso: "Vossa excelência é um coronel excrementado", ou "insignificante", chamou-o de "coronel de merda", claro, com o pronome de tratamento adequadamente anteposto: vossa excelência! E isso dito ao retorquir a afirmativa de Tasso de que Renan não passaria de um "coronel de terceira". Claro, com o pronome de tratamento bem posto: vossa excelência! Ah!, sendo educado com a verdade, momentos antes, Tasso, em berros senatoriais, dizia a Renan: "Vossa excelência não aponte esse dedo sujo para cima de mim!".

Moral da história: esse é, de fato, o Senado dos coronéis. Nisso, Tasso e Renan consensuam. Um é de merda; o outro, de terceira. Tenho certeza de que os estudiosos da República Velha retomarão seus livros e pesquisas para classificar, ou reclassificar, os agentes de uma prática política conhecida no Brasil como coronelismo: fiquei curioso em saber quais são os coronéis de primeira. Sim, no topo da lista, devem estar os de primeira e, no fim, os de merda. Bom, existirá merda de primeira? Deixem para lá...

Victor Nunes Leal, talvez quem melhor tenha estudado o fenômeno do coronelismo no Brasil, disse o seguinte: "O *coronelismo* é sobretudo um compromisso, uma troca de proveitos entre o poder público, progressivamente fortalecido, e a decadente influência social dos chefes locais, notadamente os senhores da terra". E, avançando sobre o tema, pelos idos de 1949, disse "que desse compromisso fundamental resultam características secundárias do sistema *coronelista*, como sejam, entre outras, o mandonismo, o filhotismo, o falseamento do voto, a desorganização dos serviços públicos locais".

Os senadores Renan Calheiros e Tasso Jereissati sabiam exatamente do que estavam falando. Ambos coronéis, fazem política como coronéis, nominam-se como tais, mas não são os únicos, e – autoclassifiquem-se como bem quiserem – os dois revelam a mais pura expressão de um Senado nascido como produto de uma "necessária desordem" apta a manter uma determinada estrutura de poder que "(re)ordena", sempre, para os mesmos.

O coronelismo, concebido como categoria política a partir da República Velha, alimentava-se da estruturação agrária brasileira, especialmente a nordestina, e, a partir da federalização do Brasil, perpassou todas as nossas estruturas institucionais, vertendo política e relações por intermédio dos novos governadores (presidentes de província). Industrializamo-nos, navegamos na revolução informacional e tecnológica no começo do novo século, e as estruturas decisionais (institucionais) da República continuam presas às raízes agrárias do fim dos 1800, início dos 1900.

O que vimos no Senado de Tasso, Renan e Sarney, além do espetáculo humano deprimente, foi a política institucional brasileira mostrando as vísceras cruas e fedorentas.

Quando falo de modificações estruturais na institucionalidade brasileira, refiro-me à necessidade de transformarmos as nossas instituições em contemporâneas ao nosso próprio tempo. Hoje, somos dependentes dos coronéis de terceira e mesmo dos coronéis de merda que se reúnem sobre os tapetes azuis da Câmara Alta para digladiar-se como bárbaros, enquanto nós, cidadãos estultos e dependentes políticos desses falsos provedores, vamos sobrevivendo de poder político generosamente ofertado por dois sacripantas, um de terceira e outro de merda. Pode?

Não é o mesmo, mas é igual

Canta o poeta cubano: "Não é o mesmo, mas é igual".

Cá com meus botões e com as manchetes de jornal dos últimos doze ou dezesseis anos, leio que os mesmos sempre estão, ou estarão, nos mesmos lugares e, como sempre, trovam e atordoam os ouvidos dos outros dizendo-se, antes das eleições, diferentes para, no governo que entra, tornarem-se iguais.

Vamos lá? Como os partidos políticos do estado "mais politizado" do Brasil, o Rio Grande do Sul, se comportam diante de um novo governo? Com Britto, o PMDB, o PSDB, o PTB e o PP; Collares, o PDT e o PSDB; Olívio, o PDT, o PSB, o PC do B e o PT; Rigotto, o PMDB, o PP, o PSDB, o PTB, o PDT e o PPS; e, com Yeda, o PSDB, o PP, o PMDB, o PTB, o PDT e o PPS.

Opa! Será isso mesmo? Sim, é isso! No governo Tarso temos o PT, o PTB, o PDT, o PSB, o PC do B e outras coisas mais.

A linguagem é capaz de criar realidades.

A compreensão nasce de uma antecipação de sentido

contida nas palavras, permitindo-nos exercer a comunicação com o outro. Comendo no prato do velho Castoriadis, a palavra organizada em discurso tem a única função de exercer o convencimento sobre o outro, sobre o diferente; a alteridade nada mais é do que reconhecer o outro e, portanto, as diferenças que nos fazem singulares e titulares de interesses distintos. Lógico, discursamos porque entendemos que os nossos interesses são melhores que os interesses dos outros e, então, temos a pretensão de universalizar o nosso discurso com o sentido de, ao convencer o diferente, produzir a nossa própria perpetuação social e política.

Vejam que a pequena digressão sobre os partidos que participaram dos governos nos últimos doze ou dezesseis anos mostra-nos como quase todos se tornaram iguais e, sendo iguais, não necessitam exercitar o discurso do convencimento, da pretensão de assegurar-se como "perpetuação"; isso ocorre porque, do ponto de vista de suas pretensões, já se sentem perpetuados. Quase todos, de forma igual, bastam-se em si mesmos. Expliquemos, então, a razão política da existência no Rio Grande do Sul do famoso adágio PT e anti-PT.

O Partido Conservador, no Brasil, leva o nome de Progressista, como se ser conservador fosse feio. Não! Ser conservador é tão legítimo quanto ser progressista. Estar na direita é tão democrático quanto estar na esquerda. Observem que falar de esquerda e de direita é lançar mão de uma situação histórica ocorrida na Assembleia revolucionária francesa, onde os que desejavam a conservação do regime monárquico (girondinos) sentavam-se à direta do presidente da mesa, e os jacobinos, desejosos da progressão do regime (da monarquia para a república), sentavam-se à sua esquerda. Então, quando falo de esquerda e direita, invoco essa antecipação de sentido contida nas palavras esquerda e direita que, em termos políticos, a história nos oferece.

Para esses partidos políticos – iguais na prática política –, a desconstrução da história é uma necessidade eleitoral e discursiva. De modo contrário, não conseguiriam, com tanta naturalidade, misturarem-se PT e PP, Comunistas e DEMOs, etc. Então, PT e anti-PT nada mais é do que um móvel de linguagem – discursivo – que, ao montar uma "realidade" política, assegura aos "diferentes" práticas iguais.

Bom, a cultura política nos faz falta, e é por isso que digo com toda a tranquilidade do mundo: os partidos no Brasil não são os mesmos, mas, a cada dia, estão mais iguais.

Os ninfopragmáticos de plantão

O lulismo chegou ao fim? A posse da presidenta esgota um modo de governar "nunca antes (visto) na história deste país"? Estas são algumas das questões postas ao deleite dos "cientistas" da política.

Compreender o fenômeno político alcunhado de lulismo será uma tarefa relevante desde já e, vistos os primeiros movimentos da presidenta, para já.

O PT forneceu ao Brasil o seu melhor quadro. Todavia, não conseguiu implementar o seu projeto de Estado, e os motivos políticos para isso são claros e podem ser encontrados na *Carta aos brasileiros* e, também, na pragmática política da institucionalidade brasileira.

O que seria, então, a nova categoria política "lulismo"? O lulismo é um modo de gerir o Estado a partir de uma combinação de práticas econômicas ao mesmo tempo ortodoxas e heterodoxas (Meireles no Banco Central, Mantega na Fazenda), suportadas por uma aliança institucional sem identidades ou piedades, sem fidelidades programático-partidárias ou lealdade eleitoral, que obtêm governabilidade a partir do uso pragmático de uma institucionalidade débil, fisiológica e individualista.

Esse modelo permitiu a ampliação do leque de diálogos propostos pelo presidente Lula com todos os setores da sociedade, da direita até a esquerda, do alto aos subterrâneos, dos incluidíssimos aos excluidérrimos. As centrais sindicais apelegaram-se e os estudantes caras-pintadas, domesticados, branquearam a tez. Os banqueiros, saciados no atacado, e o povo, agradado no varejo. A indústria e o agronegócio, muito bem, obrigado. Uma França inteira, cerca de trinta milhões de pessoas, "subiram" da classe E para a D, criando uma nova classe média consumidora e com pretensões cidadãs. Não existe classe F, pois poderia querer dizer alguma coisa que começa com F.

Essa complexidade somente um estadista de grande quilate e qualificação pode criar e gerir e, gostem ou não gostem, há nome para simbolizar esse processo histórico: Luiz Inácio Lula da Silva. Lula deu feição extrema a um presidencialismo de coalização orçamentária e popular.

Do mais conservador da agricultura empresarial passando pelo mais progressista da agricultura familiar; do MST, com o verniz da Via Campesina, passando pelas relações não publicadas com a Confederação Nacional da Agricultura, Lula construiu uma teia de poder assemelhada ou mais potente que a de Getúlio Vargas, o pai dos pobres e a mãe dos ricos.

Dilma tem perfil diferente. Meireles deixou o Banco Central, Mantega ficou na Fazenda e Temer – primeiro, junto com Palocci e, depois, com Gleisi Hoffmann – coordena a política do novo governo. O que isso significa?

Avanços nos marcos macroeconômicos com políticas de sustentabilidade no crédito público e privado e a ampliação nas ações sobre a infraestrutura claudicante. Tudo isso, com altas doses de economia ortodoxa, "à la Meireles", destinadas a controlar o processo de crescimento da demanda para efeitos de domínio da inflação. Há um esforço nítido no sentido de garantir um mínimo de ajuste fiscal.

Por outro lado, tenhamos atenção às composições que a presidenta produz no Congresso Nacional (a partir da partilha de ministérios). Um PMDB com muita força na (des)estabilização do governo nas políticas que transitam pela "Casa do Povo". Há um Senado, casa conservadora e fisiológica, com importância nos cálculos políticos da presidenta, onde cada senador é uma entidade própria e, normalmente, uma entidade desqualificada.

Os primeiros embates sobre o salário mínimo já demonstraram isso. O "pulso firme" da presidenta ganhou, mas gerou sinais de clara fadiga com a base de apoio já no começo do jogo. Estamos para vivenciar o mais potente presidencialismo de coalização orçamentária centralizada, algo nunca antes visto na história deste país.

O lulismo esgota-se com o governo de Lula? Talvez!

Os partidos políticos, no sentido de pessoas reunidas por interesses individuais ou grupais, não como repositório de programas ou ideologias de parcelas da sociedade, serão os engenheiros das emendas parlamentares ao orçamento e do fisiologismo "achinelado" capazes de amalgamar gordas hordas de adesistas ao governo que chega. Isso é suficiente para os votos de que o Executivo precisa.

Temos o direito de sonhar com soluções duradouras para a institucionalidade brasileira. Sim, adoro ler obras de ficção, mesmo quando sou eu mesmo quem as escreve.

O PT, já e ainda insaciável, está à disposição do seu grande líder. Lula de sandálias trabalha na construção de um campo político de centro-esquerda, onde o PSB (engordado pelo grupo de Kassab), o PC do B e amplos setores do PDT poderão (re)organizar-se num novo locus da política brasileira.

O futuro pode começar com a presidenta e com a torcida sincera de todos nós para que acerte e para que, mesmo sendo ela produto do lulismo, instigue uma nova institucionalidade, onde as pessoas sejam destinatárias de felicidade e que a política receba mediação institucional madura, independentemente do político da ocasião e dos ninfo-pragmáticos-de-plantão.

VOSSAS SENHORIAS

Será a lêndea um ovo da serpente?

Deu na tevê, matou doze! É assassino confesso! Aos dezesseis anos, "preso" para cumprir medida de segurança; solto aos dezenove, num desses dias do ano da graça de 2011 e, nos termos da lei, a liberdade acomodou-se nas costas do ex-guri e de todos nós. Na letra da lei, livre!, pronto para revoar!

Atropelou ciclistas! Deu na tevê.

Foi preso por representar grave ameaça à sociedade. Está lá no Presídio Central de Porto Alegre, no cárcere de maior população da América Latina. Ninguém morreu e não há sentença condenatória.

Deu na tevê, o barbarismo é odioso, e a lei morreu!

Fraudou licitação pública! Matou ninguém!

Deu na tevê! Foi preso! É grave ameaça à sociedade. Não há condenação judiciária.

Deu na tevê!

Réus primários presos! Homicidas contumazes soltos!

Deu na tevê!? E nós, por todas essas?

A glória de quem prende é a mesma glória da sociedade regozijada ao prender. A lei que manda soltar é a mesma lei que não autoriza a prender. Que paradoxo! Que situação... Não prendo, o juiz encarcera; não solto, o juiz liberta; não falo, a tevê me berra; não decido, o senso comum midiatizado me dá o destino.

Trouxe-lhes três situações atuais: o funcionário do Banco Central do Brasil que, num ataque bárbaro de fúria, atropelou dezenas de ciclistas em Porto Alegre; o funcionário corrupto do Departamento de Estradas e Rodagens do Rio Grande do Sul que fraudou licitações para a contratação de pardais e controladores de velocidade; e a de um jovem, hoje com dezenove anos, que confessou ter assassinado doze pessoas a sangue frio. Os dois primeiros, por pedido do Ministério Público, presos e encarcerados, o último, por pedido do mesmo MP, solto e livre... para viver (sic e ressic para mim mesmo).

Não me queiram mal! Por favor, refletir não dói, ou não deveria doer. Não tenho disposição alguma para lidar com o senso comum ou para agradar os ouvidos de quem quer que seja. Não me importo com a tevê ou com as fanfarronadas a inflarem os Ibopes institucionais ou pessoais. A questão, no meu ponto de vista, até me parece singela. Quando prenderam o guri assassino, deu na tevê, e ele foi preso, imediatamente! Saiu da tevê, e, hoje, ele pode estar aí, bem do seu ladinho. Enquanto isso, o tema fundamental, que deveria ser a suficiência da lei para tratar de casos como o do "menor" matador, passou ao léu, do mesmo modo como recolhemos os piolhos e esquecemos das lêndeas.

Estamos enveredando para o caminho perigoso do clamor popular determinando pedidos de prisão por agentes ministeriais e ordens judiciais de encarceramento; são atos demagógicos e midiáticos, superficiais como o senso comum, efêmeros como o espetáculo e inúteis, posto que dedicados aos piolhos. A matriz do piolho é a lêndea-ovo, o nascedouro. Espremer piolhos, barbada; destruir lêndeas, nem tanto.

Não me queiram mal, mal eu não lhes quero.

Tenho é pavor dos ovos da serpente. Quando são postos, as cobras já estarão ali, inteiras, perfeitas e escondidas numa película fina e opaca. Disfarçadas na escuridão quente e úmida do criadouro, desenvolvem-se simplesmente, pois já são cobras completas. Para descobri-las? Simples: levantem o ovo contra a luz e ali estarão elas todas, integrais, com o veneno pronto para ser usado contra vocês.

Tópico, atópico e utópico – a liberdade de pensamento e de imprensa

Li o inteiro teor do acórdão do Supremo Tribunal Federal que lidou com o tema liberdade de imprensa, liberdade de expressão e de pensamento e que botou no mundo do lixo a "famigerada" Lei de Imprensa.

Confesso-lhes meu espanto com a clareza dos votos e com a coragem dos ministros, pelando-se ideológica e politicamente. Esse o tópico. Quero partir desse lugar determinado para refletir sobre uma nova realidade institucional que se está assumindo sem salamaleques ou rodeios.

A decisão do STF na Ação de Descumprimento de Preceito Fundamental 130 é a assunção institucional da globalização em seus pressupostos midiáticos e espetaculares. Estou falando da institucionalização, sem peias ou firulas, da monoculturalização sobre o nosso país. Não que isso já não venha se concretizando há longo tempo – uns bons vinte e cinco anos. O acatamento, a submissão institucional, é a novidade da hora.

A globalização política e econômica se expressa e legitima a partir de processos culturais que a admitem sem qualquer tipo de questionamento e como se tudo fosse o natural fruto do progresso civilizatório da humanidade, pois, ao tomar o ambiente-mundo como lugar de realização da civilização, independentemente das peculiaridades regionais ou das referências históricas de cada nação, cria um povo – uma massa de homens – reativo aos comandos produzidos e difundidos pela mídia.

A plenarização (um tipo de versão totalitária) do pensamento e as suas possibilidades de expressão e difusão, nos termos decididos pelo STF, rechaçando qualquer tipo de controle social ou estatal, é condição sem a qual esse tipo de expressão de poder político, ancorado no conceito ideológico chamado globalização, pode-se viabilizar institucionalmente.

Quando o STF diz que nem mesmo ele, STF – ou qualquer outro poder da República – poderá agir para "controlar" as manifestações da imprensa, pela-se, faz-se nu das prerrogativas dadas a ele pela Constituição Federal e, agindo assim, cria um novo alimento para o direito, que também, e a partir da (re)institucionalização havida, renovar-se-á.

O exercício hermenêutico da Suprema Corte é criativo. Quando coteja as cargas de garantia asseguradas pela Constituição aos cidadãos (proteção à privacidade, a imagem e à honra, art. 5º, X, CF) aos direitos oferecidos aos órgãos da mídia em difundir a informação (art. 220, CF), subordina aqueles a estes e afirma que a eventual lesão aos primeiros, pela eventual prática excessiva dos segundos, resolve-se pela via da indenização, pois os direitos de cidadania são fundamentais-individuais, enquanto os da mídia, fundamentais-sociais. O STF decide e arremata afirmando que, mesmo no terreno das indenizações, o cuidado deverá ser grande, pois, se excessiva a condenação indenizatória, tal ato jurisdicional constituir-se-á em cerceamento indireto à liberdade de imprensa.

A decisão é tão corajosa que chega ao ponto de referir que nada – nem mesmo a lei, nem mesmo a decisão judicial – poderá regrar os temas relacionados ao direito de expressão do pensamento e ao livre direito de informar pelos órgãos de imprensa ou por qualquer meio de difusão do pensamento. Segundo o Supremo, e estou autorizado a fazer essa leitura, abre-se o perigoso caminho para a difusão do pensamento preconceituoso. Se a liberdade é plena (pleno é o que se basta), podem antissemitas, racistas, homofóbicos, neonazistas, etc. expressar livremente o seu pensamento por intermédio de meios midiáticos que criarem.

Podem? Acredito que não!

Todavia, segundo a leitura do STF, podem livremente exercer seus preconceitos contra os direitos fundamentais-individuais dados aos cidadãos pela Constituição da República. Serão controlados unicamente por meio de indenizações posteriores e módicas, sob pena de ofensa, em caso de condenação vultosa, estar o juiz cerceando indiretamente essa liberdade que, repito, segundo o STF, é plena, absoluta, intangível.

O acórdão está à disposição de todos os brasileiros no sítio do STF na internet. Leiam e retirem suas conclusões.

Sou do tempo quando a utopia representava a possibilidade de caminharmos na direção de um sonho.

Construíamos uma via capaz de nos conduzir a algum lugar. Um lugar, mesmo que indeterminado e indefinível a priori, era um lugar, uma referência, um centro com a capacidade de unificar pessoas em torno de uma ideia comum. Os grupos de pessoas constituíam um lócus, uma organicidade específica capaz de dar visibilidade às ideias e aos meios de concretização desses ideários. Era o tempo das ideologias, das realidades locais e regionais, dos referenciais geográficos, o mundo da soberania nacional e da ação política aberta a favor ou contra esta ou aquela construção política ou ideológica.

Esse era o tempo da utopia, do lugar ideal, de um mundo onde o preconceito não podia ser difundido ao bel-prazer do poder ou da ocasião. Vivíamos a construção da multiculturalidade e do respeito às peculiaridades regionais, construíamos uma cidadania ativa e um pensamento crítico. A centralidade estava na elevação de uma sociedade com regras democráticas, onde a plenitude estava nas possibilidades da sociedade gerar regras de convivência e de sobrevivência para si e onde o pensamento se desenvolvia na direção do outro. A utopia sempre teve um lugar certo para nos levar: queremos andar na direção do outro e com o outro dividirmos um pensamento crítico e ativo capaz de incluí-lo.

A globalização tem a ideologia da não-ideologia, da não-referencialidade, do não-centro, do não-lugar. O outro não existe, existimos nós numa realidade atomizada individualmente e coletivamente massificada.

A globalização pretende a atopia que o STF acabou de institucionalizar.

Não me confundam, caros leitores. Não sou dos nacionalistas empedernidos. Sou dos que não dispensam os benefícios da contemporaneidade. Não sou xenófobo nem provinciano. O fato é que, e esse é o tópico, na luta entre o utópico e o atópico, perdemos todos nós.

Os demagogos, os urubus e o crime de conversicídio

De tragédia em tragédia, vamos juntando demagogos, bandidos empetecados e armas montadas à base de falas e mídias. O projétil?, a palavra; a pólvora?, as mídias.

Nada tem a potência para ferir mais que a palavra vã e descompromissada, o discurso fácil, a mentira política, as falas de ocasião e os altos voos dos urubus; nada dá maior propulsão à palavra que a mídia dando voz aos falastrões de meia-tigela de plantão e aos demagogos de tigela e meia.

A cada tragédia, novos palavrórios e uma montanha de políticos repaginando discursos de há muito ouvidos; na verdade, são homens brutos que deveriam vir a público para pedir desculpas pela insuflação irresponsável de todos os dias.

O conversicídio é crime abominável pelo singelo fato de que não há pena a ser aplicada a ele pelas vias da construção civilizatória. Não há cadeia para os demagogos! E o pior de tudo, a pena que sobrevém, pelos atos dos conversadores de plantão, recai sobre os inocentes que são vitimizados pela irresponsabilidade dos políticos que se auto-organizam em "classe". Não são todos! Mas falo dos que falam. Os silenciosos?, vou pensar, podem ser piores do que aqueles que, com desfaçatez, hipnotizam a tropa mansa.

Falo de memória, de João Hélio, da menina "atirada" do edifício, dos mortos do Realengo. Falo da campanha pelo desarmamento e das legítimas expectativas de um povo amedrontado que andou, como massa, na esteira dos conversicidas.

As doze crianças do Realengo estão lá no céu, acompanhando as outras quinze pessoas mortas numa escola de Santo Antônio do Potengi no Rio Grande do Norte, em 1997.

E os conversadores já voltaram à cena: Sarney quer o desarmamento, as discussões para ampliação do porte de armas foram suspensas, o Bolsonaro continua e continuará na Câmara dos Deputados a vomitar anti-humanidade.

Senhores, o nosso problema não são os bandidos, são os que ainda não se banditizaram.

A justificativa para o matador da escola do Rio Grande do Norte, um tal de Genildo, é que havia sido chamado de homossexual, foi lá e matou quinze; o matador do Realengo, num sítio de relacionamentos, disse ter sido "bolinado" na escola, foi lá e matou doze.

No episódio do João Hélio, os senhores deputados, em menos de duas semanas, trataram de apresentar e aprovar um projeto de lei que oferecia o sangue dos criminosos ao povo. Resultado: na ânsia de respostas demagógicas, acabaram abrandando a Lei dos Crimes Hediondos.

No plebiscito do desarmamento, a cantilena de que o povo ordeiro e honesto ficaria desprotegido contra a bandidagem patrocinou uma lavagem democrática contra os a favor do desarmamento. E poderia ficar dois dias citando exemplos de conversicídios e demagogias de efeitos assassinos.

Não se tem conhecimento de um morto sequer por faca perdida! Já por bala...

Imaginem se a moda pega: alguém, a partir das regurgitações bolsonarianas, poderia invadir o Congresso Nacional e saciar-se das injustiças cometidas contra um povo de boa fé que ainda acredita nos bons políticos. Não faltariam aplausos, isso eu sei. Os bárbaros se comportam como bárbaros!

A sociedade não se transforma a partir de um direito penal idiota que somente se preocupa em lidar com o senso comum. É um direito penal que entope as cadeias públicas com negros, pobres e analfabetos. É um direito penal que, para agradar ouvidos trouxas, cada vez mais, persegue as pessoas ao invés de julgar os fatos. É o direito penal da morte que produz morte.

Neste caminho, não são somente os políticos os autores do crime de conversicídio, há agentes da lei metidos nessa cantilena assassina.

E nós, cidadãos ditos de bem, o que fazemos? Qual a nossa contribuição para esta quadra da história? E a mídia? Que contribuições oferece para nós outros ao mostrar as entranhas dos sentimentos mais íntimos de mães e pais que não mais poderão abraçar seus pequenos filhos?

Somos hipócritas, e o nosso voo é o do urubu: voamos alto na busca da mais podre carniça! Voamos alto com os sonhos vendidos pelos demagogos e conversicidas! Voamos quase no céu, próximos às criancinhas que matamos todos os dias como forma de saciar a nossa fome de humanidade e de civilização.

A liberdade de imprensa seria absoluta?

O ministro do STF Ayres Brito esteve em Porto Alegre e sua afirmação mais candente foi de que a "liberdade de imprensa é absoluta". Falou durante o lançamento do Código de Ética e Autorregulação do Grupo RBS, o mais importante do sul do Brasil.

A iniciativa do grupo gaúcho é respeitável e pode cumprir um papel importante nas reflexões que a mídia está a impor nos dias de hoje. Na esteira da Folha de S. Paulo, que, nas décadas de 80 e 90, trabalhou seu *Manual de redação*, inaugurando na grande mídia discussões relevantes sobre autorregulação e conduta dos jornalistas no exercício da informação e da liberdade de expressão, fez-se um evento monumental com o sentido de atingir a sociedade para bem informá-la. Desse contexto, veio a fala de Ayres Brito sobre a absolutez da liberdade de imprensa.

Ora, o absoluto é o inquestionável, o que se basta por simplesmente existir. É aquilo que traz consigo todos os elementos de sustentação material, moral ou axiológica e que, portanto, vale por si mesmo ou por sua própria expressão. O absoluto não admite comparações, ou melhor, o valor do absoluto nasce da coisa em si mesma e não de qualquer elemento externo que o valide ou constitua ou, melhor ainda, nada – elemento material, moral ou axiológico – seria capaz de retirar ou empalidecer a expressão da coisa que se apresenta por si. O absoluto é o irredutível e, portanto, seria o inatacável.

Bom, disse o ministro que a liberdade de imprensa, pela expressão constitucional, é absoluta. Então, criminosos nazistas estão todos liberados para editar o jornal O Antissemita. Isso é possível? A ordem jurídico-constitucional admite essa odiosa liberdade? Em nome de uma absolutez, poderia um grupo criminoso lançar um jornal discriminatório e antijudeu? Poderiam os homofóbicos editar o jornal O Macho? Os racistas, distribuir um jornal pró-escravidão? E etecéteras às dezenas!

É evidente que não! E não porque a Constituição os proíbe e porque a civilização abomina qualquer prática discriminatória ou criminosa.

Não precisamos fazer grandes incursões filosóficas para concluir que essa história de liberdade absoluta não existe. É muito agradável falar para a imprensa afirmando sua total e ilimitada liberdade de fazer o que bem entende. Todavia, a vida real é outra, e os valores da sociedade, valores esses construídos com muito sangue e luta, criaram limites e modos de convivência que o direito se encarrega de preservar e de desenvolver.

Moral da história, a tal de absolutez da liberdade de imprensa foi para o saco. Afirmar a liberdade de imprensa é uma coisa, afirmá-la como algo fora de qualquer controle pela sociedade e pelo direito é outra completamente diferente.

Vejam: o ministro Ayres contribuiu para a construção de uma imprensa democrática quando relatou a ADPF 130, na qual o STF afirmou os valores da liberdade de expressão, de imprensa e de comunicação. O ministro, na verdade, reconheceu um direito de quarta geração, ou seja, aquele entregue a toda sociedade, independentemente dos padrões jurídicos que o limitam ou regulam. Isso é uma coisa, outra é pôr em jugo a sociedade a partir de uma "liberdade" dada a um setor seu.

A prova cabal do que afirmo está no próprio STF: numa semana, afirmou a plenitude da liberdade de imprensa; na seguinte, censurou o jornal O Estado de S. Paulo em vista de notícias que seriam (eu disse seriam, porque não foram) publicadas sobre um dos integrantes da família Sarney. Tenho a opinião de que o Supremo errou ao, previamente, censurar o Estadão. Todavia, o fato de que o Supremo pode, e constitucionalmente legitimado para tanto, examinar a matéria, demonstra que não há liberdade de imprensa absoluta. Aliás, o conceito de liberdade, por definição, é relativo, e assim o é porque a liberdade se opera em relação a algo ou a alguém. Indo além, não há nada mais relativo do que o conceito ou a definição do absoluto. Sim, o absoluto só o é porque se vê apartado do todo, ou seja, o absoluto "é o todo", o digam os tementes a Deus.

Então, afirmo a democracia e o direito à liberdade de imprensa dado para os cidadãos do mundo, e não para os órgãos de mídia. Nisso tudo, há uma ordem, ordem a ser afirmada todos os dias: em primeiro lugar, o cidadão; depois, o resto.

O pensamento de Boris Libois, expresso no texto *Ética da mídia,* merece ser visitado: "A referência deontológica e jornalística do direito do público à informação deverá evoluir para o reconhecimento efetivo de um direito à comunicação exercido com e contra a mídia". É nesse contexto democrático que a reflexão sobre "uma potencial absolutez autoritária" se faz imprescindível e necessária como pressuposto à consagração de um direito à comunicação dado pela Constituição à sociedade.

Para finalizar, o ministro fez uma frase de efeito e verberou: "Liberdade se combate com mais liberdade". Parabéns, ministro, nós, brasileiros, adquirimos o direito de colocar na lata de lixo da história os nazistas, os racistas, os homofóbicos e todos aqueles que, de uma maneira ou de outra, atentam contra a civilização, seja pela imprensa, seja no dia a dia das ruas empoeiradas de um país que constrói sua democracia e sua cidadania às duras penas.

Pépe le Pew, o francês tarado

A imprensa condena com rigorosa pretensão de fazer justiça, ou seria de justiçar?

O caso Dominique Strauss-Kahn teve uma reviravolta extraordinária. Bem ao feitio das produções cinematográficas norte-americanas, a camareira pobre que botou o branco e rico presidente do FMI atrás das grades transformou-se em vilã; ou melhor, a pobre mulher não-branca terminou por colocar a imprensa na lata do lixo.

Perdoem-me pela generalização, mas o fato é que, nessa situação específica, toda a imprensa agiu do mesmo modo; o tarado francês, branco e rico foi "julgado" culpado pela fala da pobre camareira. A estratégia de cavalgar no estereótipo tem sido constante e, na imprensa brasileira, isso está cada vez mais presente.

Andar prostrado, algemas nos punhos encobertos pelo sobretudo de marca, assim andava o "tarado francês" diante do fuzilamento das câmeras. Os alvos cabelos desarrumados e os braços seguros pelos agentes policiais expressavam a vitória do bem sobre o mal. As imagens e a justiça feita, transmitidas para o mundo.

Havia sêmen na gola do uniforme da camareira. Fiança de milhões de dólares e tornozeleira eletrônica. Fora arrancado da primeira classe do voo de fuga pós-sexual e conduzido para o juiz e... cadeia.

A prática do "perp walk", ou a caminhada do perpetrador, consiste numa afirmação que se densifica a partir da repetição de um estereótipo que uma dada autoridade, pública ou privada, afirma. Sem entrar no mérito da questão, o retrato do que é "perp walk" está na prisão de Celso Pitta: a mídia filma o criminoso que, de pijamas, é conduzido algemado sob os olhares de um povo indignado. Há sede de justiça, e a imagem é suficiente para, por si, condenar. As falas da mídia se excitam, exacerbam-se, os adjetivos explodem, a verborragia toma conta dos comentários e dos comentaristas; o símbolo descola-se do fato para autonomizar-se com significado próprio e capaz de andar com as próprias pernas, ou como condenação mesma.

Strauss-Kahn virou o tarado estuprador, sua campanha à presidência da França foi para o balaio juntamente com a presidência do FMI, uma mulher assumiu a presidência do organismo financeiro e a imprensa mundial deu com os beiços n'água, a pobre camareira foi vitimada pela vida factual, provada pelas relações criminosas mantidas com traficantes e com dólares mal explicados em sua conta bancária.

A prática chamada de "caminhada do perpetrador" só se viabiliza pelo conluio, pela junção espúria, pela união preordenada da imprensa com a autoridade. Rudolf Giuliani é tido como o pai desse tipo de prática. Colocar o "criminoso" com toda a indumentária de criminoso sob as luzes da mídia seria o suficiente para afirmar o julgamento sumário; após isso, julgamento constitucional para quê? O objetivo do algoz público-midiático está cometido!

Quantas e quantas vezes o sobrenome Kahn transformou-se em Kram!? Quantas e quantas vezes a fortuna da mulher de Strauss-Kahn foi trazida para o mundo das fofocas e dos desejos de destruição pessoal? Quantas e quantas vezes o feminismo bebeu e embebedou-se na condição mulher da camareira pobre com sêmen na gola do uniforme?

Pépe le Pew, o gambazinho romântico dos desenhos animados da década de 60, pintou-se de Strauss-Kahn, o tarado francês; glória aos tabloides e à politicalha. Giuliani, o Rudolf, transformou-se em ícone político dos norte-americanos conservadores republicanos. Protógenes, o algoz de um Celso Pitta de pijamas, virou deputado federal pelo Partido Comunista. Direita e esquerda engordaram com as mesmas práticas; o americano começou como agente do Ministério Público, o brasileiro, delegado da Polícia Federal. Nós nos transformamos em estereótipos de uma sociedade alienada e midiatizada.

Falta-nos a reflexão sobre essas coisas tão cotidianas. Falta autocrítica à mídia, que usa e é usada pela política baixa que se alimenta de tabloides e de pequenos interesses.

A imprensa e os tribunais morais

A Folha de S. Paulo publicou, em 30 de julho de 2010: "Justiça do RS autoriza candidatura de cinco fichas sujas".

Reflitamos: se a Justiça autorizou, não há fichas sujas! Se João matou e a Justiça o absolveu, não há homicídio! Se dizem que furtei um vintém e a Justiça me absolve, não sou ladrão! Ou sou? Ou pode o Judiciário absolver-me e a imprensa condenar-me?!

Não quero compactuar com o novo esporte de caça aos políticos, tratando-os como se todos fossem iguais, e não quero o lugar-comum da generalização despolitizada. Quero a reflexão sobre práticas moralistas e ausência de limites no exercício de liberdades públicas.

No mundo civilizado, quem deve absolver ou condenar?

Cinco candidatos do Rio Grande do Sul foram impugnados pelo Ministério Público Eleitoral. Motivo? A Lei da Ficha Limpa. Os ditos fichas sujas, constitucionalmente, defenderam-se, e o Judiciário, pasmem!, os julgou e deferiu-lhes as candidaturas. Por quê? Porque, disse o tribunal, as fichas são limpas e não sujas como impugnava o MPE.

Então, como entender a manchete: "Justiça do RS autoriza candidatura de cinco fichas sujas"?

O MPE democraticamente pediu: indefira, são fichas sujas! O Judiciário democraticamente julgou, não indefiro, as fichas são limpas. E o jornal abriu manchete: autorizadas as candidaturas dos fichas sujas. Há democracia ou verdade na manchete? Julguem vocês! Abandonem as neuroses e as paranoias, busquem a coerência democrática nos três atos – impugnação, julgamento e manchete – e... reflitam!

Disseram: são fichas sujas! A Justiça sentenciou, não o são! Então, qual o direito do jornal ou de qualquer órgão de imprensa ou de qualquer um de nós em difundir a mentira? O jornal(ista) não precisa gostar do julgamento, mas deve a ele, democraticamente, submeter-se. Ou não?!

Reflitam: o Judiciário acaba de absolver sicrano, assassino de fulano. Ora, se houve absolvição, não há homicídio e, se não o há, onde está o assassino? Reflitam! Por que esse tipo de manchete?

Gozada pode ser a política. Confiram Roriz no Distrito Federal. Pesquisa: 47% dos votos e venceria na primeira vaza!

Cá comigo, será que os 47% de eleitores serão "povo fichas sujas"? Na hipótese de eleição de Roriz, os jornais estamparão manchetes noticiando: "Povo ficha suja elege em primeiro turno candidato ficha suja"?

Preocupam-me tribunais moralistas, onde o moralista de plantão transforma-se ou tem a pretensão de se transformar em tribunal moral de toda a sociedade. Os eleitores de Roriz que os aplaudam, e os que nele não votam que os temam!

MERITÍSSIMOS

Um direito afuncional

Falar de direito e de inovação, em si, é um paradoxo. O direito não vive de inovações. É um mecanismo cultural que vive do passado. A formulação é singela, apanham-se as boas experiências do passado, cria-se a regra protetiva no presente para exigi-la cumprida no futuro. Por isso, o direito é conservador por definição.

Isso é assim em vista do processo político que construiu a modernidade no mundo continental. Diferentemente do que ocorria na Inglaterra, onde a burguesia nascente construía para si os meios de produção e, a partir deles, gerava tensões políticas capazes de arrancar acordos da nobreza empobrecida, na França, como em geral nas monarquias europeias, os bens de produção estavam nas mãos do "Estado", ou seja, a propriedade vinha concentrada numa nobreza que não aceitava de modo algum o compartilhamento do poder político com a burguesia insipiente.

A consequência desse processo econômico acabou por determinar os modos de produção do direito e, moto-contínuo, sua funcionalização no novo modelo de organização de sociedade; marco que definiu a superação do medievo para a modernidade. A racionalização do poder político a partir da assunção de "aparatos", jurídicos e políticos, novos – desejadamente construídos pela nova classe dirigente –, moldou o direito do modo como o conhecemos. Por outras palavras, foram esses processos políticos, estruturados como suporte viabilizador de uma determinada complexidade econômica, que deram "funcionalidade" ao direito, considerado como instrumento, por excelência, de controle e de reprodução de "modos societais".

Então, é do evolucionismo insular que se retira um modo de resolver conflitos que dialoga com a efetividade das relações sociais estatuídas pelas composições econômicas e societais definidas pela própria sociedade. O juiz, no mundo da common law, tem a função de resolver conflitos a partir de critérios retirados de uma maneira concreta (politicamente evolutiva) de conviver. O juiz existe para o caso, para o litígio, e o caso deve ser resolvido para que as relações sociais se pacifiquem e progridam e para que a sociedade tome – veja, perceba – para si a decisão jurisdicional como regra de convivência efetiva e exigível da sociedade para a sociedade e não do Estado para a sociedade.

Já no modo continental, a Revolução Francesa operou de forma construtivista, ou seja, uma nova sociedade foi pensada e posta em vigor pela força dos vencedores. Destruiu-se um regime, um sistema, e construiu-se outro completamente diferente. A propriedade dos meios de produção nas mãos do Estado obrigaram, politicamente, esse novo estamento a impor um tipo, um molde de relacionamento, que fosse capaz de dar conta das exigências racionais para a mantença do poder nas mãos da nova classe dirigente. A nova burguesia continental, diferentemente da insular, tomou pela ruptura revolucionária as velhas propriedades, entregando-as a um novo proprietário; a legitimação desse processo operou-se por intermédio de um direito com feições abstratas, gerais, prescritivas, cujas regras de convivência social eram anunciadas por articulações abstratas, competindo aos juízes zelar pela correta aplicação da lei que definia "novas" relações sociais.

Então, o juiz do civil law não tem a função política de resolver a lide, de solver o conflito, de apaziguar a sociedade gerando regras práticas e funcionais. O juiz do construtivismo revolucionário é a boca e o peso político do Estado sobre a sociedade e, ideologicamente, age protegendo os "bens da vida" que esse novo Estado – pela construção do direito – entende como justos e adequados. Diversamente, no mundo insular, enquanto o direito "dos comuns" resolve os problemas práticos do dia a dia, no direito civil, prescrevem-se as condutas abstratas exigíveis pelo Estado.

O direito brasileiro está impregnado de direito civil e de construtivismo político e jurídico. Aquele subordina este e, na atual complexidade da sociedade brasileira, começa a perder espaços na medida em que o mundo jurídico adquiriu autonomia política capaz de confrontar os modos tradicionais de produção das regras de convivência.

A consequência visível deste processo é o caos expresso na afuncionalização dos aparatos judiciários, que são incapazes de, atualmente, entregar qualquer coisa útil à sociedade. O tema da ineficácia da jurisdição – é de se notar – avança para o tema "crise do Estado". Por quê? Exatamente porque o Estado perdeu a condição política de, pela via do direito, exigir as condutas prescritas.

As reformas em andamento no Congresso Nacional, seja no âmbito processual, seja no material, seja no civil ou no criminal, são absolutamente dissociadas da realidade política e econômica do mundo global, no geral, e, no particular, do novo Brasil. Notem que as reformas fazem um diálogo do Estado para o Estado, nunca da sociedade para o Estado. Neste particular, os detentores do poder econômico são altamente responsáveis por esse processo na medida em que dele se alienaram e entregaram, paradoxalmente, a solução dos seus problemas para as corporações de Estado.

Thêmis está lésbica ou furtaram-lhe o sutiã?

Thêmis, a Deusa da Justiça, está lésbica. Na verdade, a filha de Urano e Gaia nem deusa foi. Assumiu essa condição quando compartilhou Zeus com Hera. Não rolava ciúme entre elas, mesmo que Thêmis, tomada dos titãs quando da reconquista do Olimpo por Zeus, sentasse ao lado direito do Deus dos deuses. Os titãs Prometeu, condenado a ter o fígado comido por abutres durante a eternidade, e Atlas, obrigado para sempre a carregar o peso do mundo sobre as costas, tiveram sorte distinta da mitológica Thêmis, condenada a dividir o marido na cama de Hera.

Talvez por nunca ter sido deusa, talvez por simplesmente ser produto do mito, não mais que uma titanide, talvez por isso, Thêmis tenha sido escolhida como a representação da Justiça dos homens; a Justiça é só uma das mulheres na cama do Deus que em tudo manda.

Lá está ela, repetida como nós outros em estátuas de mármore. O corpo é escultural e coberto pelo mais fino e tenro algodão; ao nada ver, imaginamo-la toda. Seios? Insinuantes como os da mulher desejada, nem grandes nem pequenos, suficientes. Ancas levemente requebradas, instigando o delírio pretensioso ao estilo dos tolos humanos que a querem possuir. Vendada, guarda o mistério do olhar penetrante, pronto para se fazer apaixonar. Forte, espada pronta para a ação; equilibrada, como a balança que a tudo pondera, mede e, irrecorrível, sentencia. Essa é a Thêmis que nós, homens tolos, endeusamos, oferecendo-nos despudorados nas praças públicas, nos palácios de justiça e nos juramentos de juristas.

Já que falamos em Thêmis e Justiça, falemos da Thêmis Eleitoral, a lésbica.

A Justiça Eleitoral faz justiça à invenção dos artistas alemães do século XVI que, para exaltar a imparcialidade de quem julga, vendaram a deusa titanide nunca antes vendada. Zeus adorava os olhos de Thêmis; Von Ihering, que os olhos de Thêmis não viu, reclamava da Justiça vendada, cegada pela criatividade humana. Tolice! "Se nada enxerga?", perguntava ele, "então, como ser justa? O que não se vê não pode ser julgado", afirmava o filósofo do direito.

Pois a Justiça Eleitoral é assim: vendada, autovendada, quase cega e, pior, no mais das vezes, caolha e míope. Thêmis, nunca esqueçam, é só mais uma das mulheres na cama do Deus que em tudo manda e que tudo pode.

Fiquei sabendo que, por estas bandas, Thêmis anda à procura de mulheres. Sim, há um índice, um percentual, um número que "precisa" ser cumprido a qualquer custo; nas chapas a serem apresentadas às eleições proporcionais, um mínimo de 30% da nominata partidária deve ser composto por mulheres.

Sim. Não importa se elas existem, importa é que o número deve ser cumprido sob pena de não-aceitação do registro das tais nominatas por parte da Thêmis Eleitoral.

Quer dizer, aquilo que é um direito das mulheres, uma conquista política – ter um mínimo de vagas à sua disposição –, transformou-se numa caçada às mulheres. É a obrigação hipócrita que somente a Justiça vendada pode exigir, pois inclui pela matemática e não pela cidadania ativa ou, em outras palavras, pela vida real.

Nada impede que mulheres ocupem 100% das vagas, a política assim o determinaria. Afinal, das três grandes candidaturas à Presidência da República, duas não foram tituladas por Dilma e Marina, grandes mulheres?

Todavia, se na agremiação partidária não existirem tantas mulheres quantas as necessárias para o fechamento do tal número, não é possível imaginar-se que a chapa inteira esteja em desacordo com a lei eleitoral? Que o bom senso e a boa cultura provoquem os neurônios da Thêmis Eleitoral.

Tem um luminar da Thêmis Eleitoral gaúcha vagando por aí e, do alto de sua cegueira togada, sugeriu o seguinte: "Se o número de mulheres não atingir os 30%, reduza-se o número de homens até que o percentual seja atingido". Alvíssaras, esse magistrado mereceria a pena dada a Prometeu, o titã que tem o fígado comido pela eternidade. Esse talvez seja um ousado juiz que, aproveitando a venda posta nos olhos da titanide, furtou o sutiã de Thêmis e, tomando-o todinho para si, colocou-o sobre os olhos; "Quem não vê a vida sobre a vida não pode julgar", dizia Von Ihering.

Penso que, no mundo do direito, tudo tem um sentido e, cá com meus botões, já que a Thêmis Eleitoral anda correndo atrás de mulheres, só pode ser porque é lésbica. Outra explicação – racional – não há, salvo aquela do sutiã.

Estado Policial ou Estado Judicial? Nem um, nem outro!

O ministro Gilmar Mendes, do Supremo Tribunal Federal, declarou que estamos enfrentando um Estado Policial, fascista e totalitário. Afirmou que isso é uma ameaça ao Estado Democrático de Direito.

O senhor ministro tem razão! Mas não toda a razão!

O Estado Democrático de Direito, em grossas linhas, é aquele onde o cidadão tem garantias que emanam da Constituição; onde os órgãos públicos e os seus agentes estão submetidos a limites muito bem definidos no seu modo de atuação. O que nos interessa nesta quadra, por ora, é tratar da ação policial.

Presenciamos no cotidiano um monte de ações da Polícia Federal prendendo empresários, políticos, e políticos e empresários de grosso calibre. Na última operação, a de navalha, uma série de habeas corpus foi concedida logo no primeiro e no segundo dia, quando se determinou a soltura de alguns presos. A mídia, logo, logo afirmou: "A polícia prende, e o Judiciário solta", criando, com isso, uma contradição política entre a ação de uma polícia que age contra o injusto, prendendo, e um Judiciário que defende o injusto, soltando.

Ora, quem manda prender é o Judiciário. A Polícia Federal, no caso referido, cumpriu as ordens de prisão expedidas pelo Superior Tribunal de Justiça. E, de acordo com a ordem constitucional vigente, as revisões sobre as decisões do STJ competem ao STF, portanto, tudo de acordo com a Constituição e com as leis vigentes no país.

O que está ocorrendo então? O problema é que a sociedade, perguntada sobre temas tipo ditadura versus democracia, sufraga a ditadura; quando perguntada sobre pena de morte, oferece índices de 85% à execução de presos; questionada sobre maioridade penal, pede que crianças e adolescentes sejam levados para a cadeia, não pode querer outra coisa que não sejam prisões sumárias, advogados afastados dos seus clientes e, muito menos, pode esta sociedade querer um Estado Democrático. Esta sociedade quer um Estado Policial capaz de oferecelhe o sangue que transborda das páginas de jornal, onde podem, daí, retirar prazeres mínimos para suportar a dureza de um dia a dia cada vez mais cruel.

O direito constitucional ao contraditório é uma conquista civilizatória que está sendo posto na lata do lixo. Acho que não pela polícia, mas por um Judiciário que manda prender e não assegura aos presos as garantias constitucionais de que qualquer cidadão é detentor legítimo. A polícia cumpre ordens de prisão, ordens emanadas pelo Poder Judiciário e não por um delegado de polícia.

Então, creio que o ministro Gilmar Mendes poderia aditar ao seu discurso: nem um Estado Policial, nem um

Estado Judicial. As garantias postas na Constituição são garantias que nem mesmo o Poder Judiciário pode rasgar. Muito menos, pode a polícia mandar a Constituição às favas.

Julguemos as togas, in dubio pro societate

Tolos os pobres cidadãos, pálidos estupefatos, assistindo a uma disputa que parece se dar entre a corregedora do Conselho Nacional de Justiça e a Associação dos Magistrados Brasileiros. Na verdade, a briga desnuda um litígio entre democracia e autocracia, levantando a saia de um Poder Judiciário que, por sua cúpula, teima em não aceitar a democratização das suas estruturas, desde sempre, autocráticas.

Para os afoitos, digo: 99,8% dos juízes são decentes, honestos e trabalhadores; 99,8% dos brasileiros são decentes, honestos e trabalhadores. Empatados, estamos, portanto.

Desempata-se quando um punhado de juízes corporativistas e reacionários (no sentido científico-político da expressão) tenta anular a condição humana da magistratura. Se nos 0,2% há desonestos, esses se espalham por toda a sociedade. Há, pois, bandidos entre advogados, jornalistas, médicos, pedreiros, farofeiros, padres, pastores, capitalistas ou socialistas, trombonistas ou trotskistas, professores ou malabaristas e, por que não?, entre juízes. Onde a diferença? Os reles mortais estão submetidos à Justiça, e os homens da Justiça, vão submetidos a quem?

O controle externo sobre a magistratura é um ganho democrático de valor inestimável. Então, a celeuma não é Peluso versus Calmon! A briga é entre a democracia e a autocracia. Quem controla o controlador? Aqui, o valor político institucional a qualificar o nosso Estado como "democrático".

É tolice pensar que a sociedade não vê nas ações que tentam impedir transparência administrativa e financeira nas hostes judiciárias uma reação ao avanço (ainda tímido) representado pelo Conselho Nacional de Justiça. Por vezes, me pego rindo das inabilidades políticas dos líderes sindicais da magistratura; santa ingenuidade – as corporações continuam vencendo –, e volto a sorrir comigo mesmo.

Vamos listar os "fichas sujas"? Não!, e dois são os motivos: um, não sou leviano; dois, como nós da sociedade, a esmagadora maioria, a quase totalidade dos juízes são cidadãos honestos e decentes, exatamente como nós, repito. Ah!, existe um terceiro, quem propôs a lei da ficha limpa para os políticos? A AMB! Então?, vale para políticos e não vale para juízes?

Fecho com a velha e nada erudita máxima: impedir investigações?, por quê?, quem não deve não teme!, ou, in dubio pro societate!, ou, ainda, no dos outros é colírio.

Juízes eficientes? Não os quero! Onde estão os justos?

Li na Folha de S. Paulo: "TJ-SP implantará o julgamento por e-mail". Sim!, está nas mentes dos que fazem justiça com critérios importados dos especialistas na fabricação de pregos; tudo devidamente contabilizado nos relatórios de produtividade.

Digam que sou romântico e atrasado! Se querer justiça é querer homens justos, então sou um romântico em fase de excitação. A cada dia, minha passividade vai para o saco. E como dois corpos não ocupam o mesmo lugar no mesmo tempo e espaço, a bolsa escrotal vai-se estourando de cheia que tanto está.

Virtualidades estúpidas! A desumanização do Judiciário começa a cheirar a carniça! As teleconferências, que afastam os juízes dos presos amontoados nos presídios sujos e com carcereiros a mercê da corrupção e da bandidagem, protegem a toga da sujeira que nós, sociedade, produzimos. Como resolver? Afastando os homens doutores dos homens apodrecidos pelas nossas mazelas. Essa é a solução dos cheirosos a Chanel nº 5.

Sim, dizem os luminares dos julgamentos por e-mail: "Os advogados não comparecem às sessões de julgamento, então perguntemos se querem o julgamento por e-mail".

Ora, é como a história do sofá: o homem apanha a esposa em plena traição sobre o sofá da sala; decide-se, sabiamente, arremessar o sofá pela janela. Ora, outra vez! O advogado é só o advogado! O juiz?, é só o juiz! E a parte?, o João?, a Maria?, a Eutrópia e o Epaminondas?, onde ficam? Não ficam! Joguemos, pois, o sofá do andar cinquenta!

Não! Nos dias de hoje, dar justiça é prestar satisfações aos homens da Justiça; é falar para o advogado, para o juiz, para o serventuário, para o promotor! Ora?!, uma vez mais, ora! E a sociedade? Não merece respostas?! Despencamos sentados no sofá da sala para espatifarmo-nos em argutos relatórios do CNJ.

Não precisamos de homens eficientes, necessitamos da toga justa, das togas sofridas no julgar, da pena segura e da dor ao fazer penar, da lágrima caída com a decisão que afasta o filho do pai. Não quero planilhas falaciosas e desumanizantes, perfeitas nas matemáticas e enfáticas nos desvios-padrão. Justiça!, seria pedir demais?

Meu Deus – e eu que em Deus não creio –, de quantas Patrícias mortas precisamos? Meu Deus, quantas delas existem por aí? Quantos homens justos se vão sufocados pelos "julgamentos por e-mail"?

Roubaram dos nossos olhos os olhos do juiz; o juiz justo vai-se moribundo diante da carga de porcarias internéticas concebidas por "eficientes" mentes virtuais.

Judiciário no divã

A decisão do STF de "suspender" a posse da direção do TJ do Rio Grande do Sul para o biênio 2012/2013 convida o Judiciário brasileiro ao divã.

O caso do Rio Grande do Sul, o melhor Judiciário do país, em certa medida, é irônico. Ao episódio, somem-se os fatos relativos aos poderes do CNJ, os jetons para votar no TJ/RJ, os auxílios tapa-goteiras do TJ/SP e, por assim dizer, a metáfora dos "bandidos de toga", juízes-humanos, da ministra Eliana Calmon.

O Sargento Garcia ainda não prendeu o Zorro e o ministro Joaquim Barbosa ficou com a "reclamação" do desembargador Werlang por longuíssimos onze meses, para *não* decidir. Sim, como nós outros, comuns mortais, sentiu na carne o Judiciário gaúcho os efeitos da morosidade judicial e as consequências de uma decisão que, justa ou injusta, chega sem compromisso algum com a vida vivida. Nós, advogados, nós, sociedade, passamos por isso todos os dias; e reclamar, para quem? Freud, a seu tempo, explicará?

Os ambientes blindados dos gabinetes, supremos ou comuns, estão produzindo e encorpando um processo que põe em xeque o outrora mais acreditado dos poderes da República.

A crescente politização das cúpulas judiciárias, por intermédio da forte ação sindical das associações de juízes, traz à baila aquilo que Slavoj Zizek chama de "burguesia assalariada" e, no caso do Rio Grande do Sul, com a ação e discurso sinceros do desembargador Werlang, torna pública uma tensão real existente dentro do Judiciário. Há uma "guerra de conquista" deliberada na direção da posse de um dos poderes da República para uma classe de funcionários. Ah!, como detestam que falem e escrevam isso!

Se há razão em quem "reclama", não sei. Tenho opinião sobre isso e nós, sociedade, somos vencedores com a decisão do STF que manteve os poderes democráticos do CNJ para investigar magistrados-humanos e prestar contas aos brasileiros e, mal ou bem, o mérito da ação proposta sobre a eleição no TJ/RS não reside em quem assumirá este ou aquele cargo, mas a título isso ocorrerá. Nós, sociedade, temos o direito de ver as entranhas do Judiciário, e decisão judicial é para ser cumprida e muito discutida.

A navalha sentida na carne dos eminentes desembargadores gaúchos deve, no mínimo, servir para que percebam o grau de inquietude que toma conta dos cidadãos quando dos juízes buscamos "decisão útil" e sucumbimos nas antessalas de gabinetes que teimam em não sentir a dor, a urgência e o cheiro dos que lhes procuram. Um ministro do STF ficar onze meses com uma ação para, ao fim, declarar-se impedido, nada mais é do que a repetição do que presenciamos no dia a dia dos foros.

Oremos o verso de Silva Rillo: "O fio que dói em quem morre / na mão que abate não dói".

Não há democracia sem Judiciário forte nem sociedade forte sem controle sobre o seu Poder Judiciário. É hora, no mínimo, de divã.

(Des)Constituição – peça menos ao Judiciário

Tenho criticado o Poder Judiciário a mais da conta. Pouco importa o quilate, a complexidade, o senso comum; pouco importa a responsabilidade de serventuários, advogados, juízes ou promotores; importa menos ainda se o negócio é demandismo, ativismo judicial, incompetência ou legislações carcomidas e atrasadas. Importa compreendermos a realidade institucional brasileira e percebermos o Judiciário, com todas as minhas razões e motivos, como não responsável de base pela mixórdia da ordem jurídica brasileira ou pela alienação dos juristas, perdidos entre códigos virgens e paletós de boa marca.

Na verdade, se formos ver – e alguns serão acometidos de chiliques e enveredarão para os salamaleques –, a Constituição, desconstituída a cada dia pela ação predadora do Congresso Nacional, e não é diferente no âmbito dos estados, tornou-se o grande entrave para um futuro verdadeiramente pujante.

No Rio Grande do Sul, somadas as vinculações orçamentárias contidas na Constituição, chegamos a mais de

100%. Isso! Somados todos os percentuais decorrentes da ordem constitucional positiva estadual, saúde, educação, Judiciário, Ministério Público, etc., isso mesmo, teremos um orçamento superando a si mesmo. O Executivo, a administração pública stricto senso, não tem margem para administrar e para atender as necessidades de investimentos que a sociedade necessita, e por quê?, porque a Constituição já previu tudo e mais um pouco!

Vejam as emendas constitucionais que estão tramitando e em vias de aprovação no Congresso Nacional. A PEC 29, da saúde, a PEC 300, da remuneração dos policiais militares, e tantas outras da mesma índole estão transformando a nossa Constituição num grande dissídio coletivo, por um lado, e num grande balcão de negócios, por outro. Constituição mesmo, só o Judiciário para garantir. Para os congressistas, a Constituição não é nada além de poder de barganha e pressão política!

Não precisamos ir longe para reavivarmos a memória e verificarmos o comportamento do STF. Entre beicinhos do presidente que vota vencido e o nervosismo do ministro anti-PT, encontramos decisões sobre liberdade de imprensa, liberdade de manifestação e expressão do pensamento, direito de pesquisa sobre células-tronco, anistia política, lei da ficha limpa e outros etecéteras mais. Não entremos no mérito das decisões, importa que são decisões de índole verdadeiramente constitucional, ou seja, são dicções políticas sobre o pacto político nacional estruturantes da República brasileira.

Enquanto isso, no Congresso Nacional, o temário é o salário do João, o salário do Pedro, as compras de remédio, o pagamento das governantas, os gatilhos remuneratórios, os pagamentos de pensão, etecétera e mais um monte de etecéteras.

No Congresso Nacional e nas Assembleias dos estados, a Constituição, o pilar político de sustentação da nação, transformou-se num grande indutor de mercados, num grande dissídio coletivo e no celeiro de absurdos como o que lhes disse acontecer no Rio Grande do Sul, onde as vinculações orçamentárias, uma vez somadas, ultrapassam os 100%.

Como querer, então, desconsiderar o ativismo judicial fazendo política cotidiana?

Nesse vazio, cheio de demagogia e más intenções, encontra-se um mundo vivo que procura construir o poder e dele se apossar. No terreno dos absurdos, já existem juízes mandando tapar buracos em estradas estaduais e federais.

Os deputados, de todos os níveis, e com boas exceções a confirmar a regra, se transformaram em despachantes de luxo, bem remunerados, que encontraram na Constituição ardil eficiente para negociar votos, para liberar emendas orçamentárias e para dar vazão às demagogias que emprenham o futuro da nação com vazio e imobilidade institucional.

Vivemos sob um presidencialismo de coalização orçamentária, no qual a Constituição está desconstituída como instrumento político por excelência. Enquanto o Supremo Tribunal Federal, com todas as mazelas, a interpreta e faz operar, os congressistas, sob o beneplácito dos chefes do Executivo, a transformam num dissídio coletivo e numa peça orçamentária de ocasião.

Todavia, esquecem-se os representantes do povo, em vista da rigidez constitucional, que, uma vez constitucionalizadas as pretensões fugazes, o futuro ancora-se no passado e nas mazelas circunstanciais de um caminho que será longo e, ao que tudo indica, penoso.

Por fim, o direito, a Constituição, não fazem a vida; o jurista não cria nem transforma o mundo. É o contrário, a Constituição, a ordem institucional, brota, ou assim deveria brotar, dos embates concretos da sociedade e, portanto, a Constituição deveria expressar os consensos sociais e não as pretensões de categorias profissionais ou interesses de mercadores do Estado.

E a pergunta que fica é simples: onde estão os juristas nesse processo complexo? Perdidos entre códigos e paletós.

SENHORAS E SENHORES

Na minha estação: Amy e os meninos de Oslo

Quero revê-los todos os dias. Aquelas chegadas no aeroporto onde nos abraçamos e trocamos carícias despudoradas e vertemos saudades e beijos guardados por tanto tempo e quando a ida é motivo suficiente para a boa volta; como é boa a bem-querença. Falo do marido esperando a mulher, da esposa querendo seu homem, dos filhos adoçando seus pais e de pais choramingando os amores mais verdadeiros e doídos. A chegada nos salões de um aeroporto, nos cantões de uma rodoviária, nas paradas de ônibus dos rincões desconsolados deste mundo de ninguém é sempre motivo para o extravasamento dos mais nobres sentimentos do único ser vivo que, por prazer ou ideologia ou religião, mata, se faz matar e se mata.

A morte dos jovens na Noruega e de Amy Winehouse em Londres chocam a humanidade por suas gigantescas dimensões simbólicas.

Os primeiros, habitantes da terra do Nobel da Paz, partiram em vista da intolerância política. Numa ilha do país de primeiríssimo mundo, os meninos foram fuzilados enquanto discutiam política, enquanto se apresentavam, cada um a seu modo, para ajudar o seu e o meu mundo. Amy, na cinzenta Londres, com as inconfundíveis canções denunciadoras das suas próprias agruras, e das nossas, por que não?, empanturrou-se de álcool e drogas e, na solidão da riqueza e da fama, despediu-se legando-nos as interrogações de quem as afirma e, zombando da nossa estupidez, desapareceu no nevoeiro londrino e se foi sem o ônus das respostas guardadas somente para si.

Antes de Amy e dos meninos de Oslo, tantos já haviam sido partidos em sonhos e vida. Quebrados pela intolerância, mandados embora por seus iguais – ou diferentes? E a partida com a certeza da saudade eterna é somente triste, dilacera pela não-chegada, destrói pela ausência presente, mata-nos em vida pela crueza dos não-abraços, dos não-beijos, aniquila-nos com despudor humano.

Amy tinha vinte e sete, como Hendrix, Joplin, Cobain, Morrison e tantos outros de vinte e sete. Quantos mais vinte e sete imaginamos para a nossa eternidade? A frase, a postura, a atitude, o verso e o anverso de nós outros nascem para matar; pronto, está aí, vamos sucumbindo em clichês e em irresponsabilidades que jogam para o outro o cometimento dos nossos próprios erros. A bomba de Oslo, no primeiro minuto, já estava atribuída aos "muçulmanos terroristas". O fuzilamento dos jovens foi imediatamente atribuído aos mouros. Teses sobre a participação da Noruega nas forças da OTAN no Afeganistão e sobre as charges de Maomé, tão rápido quanto a explosão no edifício do governo, ganharam crédito na mídia pelo singelo fato de que responsabilizar o outro é condição para a nossa própria absolvição.

Matamos e morremos. O assassino é caucasiano de olhos azuis e as terras de horror são nórdicas. Há bárbaros por lá; aliás, onde há homens, há bárbaros.

Quero estar nos aeroportos, nas rodoviárias, nas linhas de qualquer rincão para receber os que chegam. Quero abraçá-los com força, com despudor, beijá-los na boca. Venham jovens de Oslo, venham!, os espero ao som de Amy. Bêbada e drogada, ela divide um blues com Joplin; Cobain desperta a gurizada para uma letra pacifista de Morrison; Hendrix acaba de explodir sua guitarra, com as cordas ao avesso, sola com a língua e faz melodia com o corpo inteiro. Venham, meninos de Oslo, a humanidade os destroçou à bala de fuzil, e não mais poderão partir. Venham!

Não sei seus nomes, não vi seus olhos, não senti suas dores, só quero um pouco de sonhos e um pedacinho de arte para continuar sobrevivendo à espera do próximo que, na minha estação, chegará para logo partir.

Alô, querida...

O tema das escutas clandestinas é algo que me incomoda há anos. Quando lia (e ainda leio) nas revistas e jornais trechos inteiros, colocados entre aspas, relatando conversas telefônicas entre agentes públicos (ou mesmo entre pessoas nas suas vidas privadas), sempre me questionava sobre o direito constitucional ao sigilo telefônico, à intimidade, à privacidade, me perguntava se a Constituição não valia para a imprensa.

Os fatos são inúmeros, torrenciais agressões aos mínimos direitos de cidadania. Agora, o que vem pegando são as escutas incontroladas feitas por organizações estatais: Polícia Federal, ABIN, polícias estaduais, etc. As tais maletas que xeretam a vida de todo mundo estão espalhadas por todos os lados. A pergunta que fica é a seguinte: teremos que viver num país de mudos? Privacidade zero! Não vamos nem falar nas câmeras espalhadas pelas ruas das cidades!

Nossas conversas por telefone terão de ser reinventadas. Imaginem uma conversa íntima entre você e seu cônjuge acertando o horário para pegar as crianças no colégio:

– Alô!

– Quem fala? (não ficou bom, pode induzir o interlocutor a dizer seu nome)

– Eu! (quer dizer que vocês têm uma relação íntima... digamos, promíscua)

– Tão, tá. (também não ficou bom, pode significar que o negócio está fechado)

– Que horas? (é, não ficou bom de novo, pode ser que o araponga pense que você está querendo acertar o horário para a entrega da propina)

– Pra quê? (pode ser para a propina, para o araponga, é claro)

– Praquilo... (praquilo não ficou bom, pois a imaginação do araponga vai voar, pense outra coisa)

– Ah. (ah, ficou bom ... eu acho que ah não quer dizer nada... eu acho...)

– Ok! (ok é ótimo porque ok só deve querer dizer ok)

– Nove horas (complicado ... pode significar qualquer coisa ... depende da imaginação do policial ou do repórter, lembre-se de que pode ser a hora para a entrega da propina)

– Tá. Beijo! (beijo também não ficou bom, como tem cinco letras, pode significar cinco milhões ou cinco licitações ou, como começa com B, pode querer dizer qualquer coisa que comece com B)

Moral da história: acerte a hora para pegar as crianças na escola em casa ou poderá ter o nome estampado numa manchete de jornal ou ser preso para investigações e ter sua imagem, de pijamas em casa, divulgadas em nível nacional.

O Mercado, o Legislador e a velha

Dizem que Otto Von Bismarck disse: "Leis são como salsichas: melhor não saber como são feitas". Se disse, não sei, mas dizem que ele disse. Há outra variação para a célebre afirmação: "Os cidadãos não dormiriam descansados se soubessem como se fazem as salsichas e a lei". E, se procurarmos, encontraremos um sem-número de outras andanças perdidas entre leis e salsichas. A certeza do afirmado somente viria se pudéssemos, por um lance no mundo do fantástico, no exotérico, retroceder no tempo para conversar com o ex-primeiro-ministro alemão. Mas a questão é singela: se ele disse ou não disse, não é importante, importa é que eu disse que ele disse.

É mais ou menos como, quando estamos escutando o rádio ou assistindo a tevê, ouvimos o locutor ou âncora dizer: "O Mercado está nervoso". A maiúscula na inicial não é engano. Trata-se de nome próprio e, portanto, os nomes próprios vêm com maiúscula. O mercado vem anunciado como se fosse alguém. "O Mercado está ansioso" ou "o Mercado está aguardando o posicionamento dos governantes" ou, ainda, "o Mercado está agitado". Então, deem um Lexotan para o Mercado que ele se acalma!

Outra de todos os dias são juízes afirmando que a "vontade do Legislador" era essa ou aquela. O Legislador quis dizer isso, quis dizer aquilo. Como se num ato psicográfico tivesse o juiz recebido notas do Legislador relatando o que, em dado momento histórico, teriam desejado ou não. Claro, em tais notas haveria um asterisco chamando atenção do julgador para atentar-se que tal lei fora feita, por exemplo, em 1850 (Código Comercial). Não vamos falar em vontade da Lei, pois, se assim o fizéssemos, seríamos internados imediatamente após um colóquio com um código, com uma CLT, com uma Constituição, onde a conversa terçada seria sobre a vontade dela, Lei (aquele monte de papel cheio de letras).

Temos a capacidade de criar pessoas inexistentes. Falamos no mercado como se não fosse um ambiente, falamos na lei como se ela não fosse expressão textual de um acordo político, formulado num dado tempo e num certo momento histórico. Deliberadamente, criamos um mundo capaz de dialogar com os nossos interesses, econômicos ou ideológicos, e de fazer com que os nossos interesses se transformem nos interesses dos outros a partir de construções simbólicas capazes de gerar um imaginário homogêneo e controlável.

Quantas vezes vocês assistiram àquela cena na qual a velhinha está sobre o telhado da casa inundada pela enorme enchente?

A água já cobre parte das telhas. As ondas batem nos pés. A velha molhada, ensopada, trêmula de tanta friagem.

Tem o olhar perdido nos anos liquefeitos pela maldade da tormenta. Chove e chove. Faz frio, tanto frio... De longe, uma câmera capta a imagem velha e, num barco, um repórter qualquer, dentro duma densa capa de chuva, aproxima-se e, tranquilamente, pergunta: "Como a senhora está se sentindo?". Imaginem a resposta: "Muito bem! A vista aqui do telhado é ótima. Meu filho, sentir a chuva no rosto... purifica". Pois é... parece mentira, mas não é! Puxem pela memória e relembrem quantas e quantas vezes, no centro da tragédia, vemos e ouvimos coisas desse tipo e sequer mexemos um músculo da testa? Não há um estranhamento qualquer. Virou rotina, normal. O anormal é cotidiano. A tragédia, lugar-comum.

É o mesmo que encarar o mercado como se fosse uma pessoa, como se fosse capaz de ser purificado pela água da chuva que bate no rosto; é como se o legislador fosse capaz de fugir da enchente sentando-se no telhado; é como se a lei tivesse uma caixa declarada de vontades capaz de afirmar: "Isso eu não quero".

Isso não nos faz estranhar. Diria o outro, isso é normal. Não o é!

Vejam a crise do subprime. Acordamos de manhã cedo e queremos saber se o mercado está tranquilo ou se está ansioso? Se os governos atenderam a expectativas do mercado? Esse ambiente, chamado mercado, tem como agentes pessoas que se denominam players, jogadores. É isso que virou "normal", isso criou um "sentido comum teórico" (Bourdieu) revelador de um modo "rotinizado, banalizado, trivializado de compreender, julgar e agir com relação aos problemas" (Streck). É a coisificação do mundo. Nós estamos, a cada dia, mais e mais coisificados!

Então, se não tenho como acalmar o mercado, posso tranquilizar um "player". Se não posso descobrir a vontade do legislador, posso atribuir um sentido possível ao texto legal. Posso descobrir como se faz a salsicha e posso verificar como se faz a lei. Posso não mais comer a salsicha e posso não dormir mais em vista da lei. O que eu não posso é coisificar o mundo ou conversar com Bismarck. Eu não converso com o Mercado, não discuto com o Legislador e não ouço a Lei. E quando pergunto para a tiritante velha se ela está bem? Evidente, óbvio que, para o deleite da reportagem, ela tem vontade, ela tem sentimentos, ela fica ansiosa, ela chora com a chuva, e ela dirá que não está bem, que não precisava e não queria trocar os seus móveis e também não queria comprometer a vida, que mais um pouquinho, acaba de se esvair.

Um papo com o americanófilo brasilfóbico

Cada vez que vou para lá, gosto mais de cá! Frase que produz calafrios em alguns. Outra que mete a tremedeira é a do Nelson Rodrigues, ao aconselhar a perda do "complexo de vira-latas". Outra, é aquela: "Olha o avestruz! Cabeça no buraco e partes baixas pra lua!". E as eleições municipais, modorrentas como estão, mesmo assim, ainda são um festejo cívico. Adoro essa brasilidade. Que orgulho de ser tupiniquim! Isso mesmo, falo sério, que orgulho de ser terra brasilis.

Uns e outros dizem que os americanos são os caras. A terra da democracia, das liberdades civis e da seriedade e que tudo que fazemos por aqui não é sério. Ledo engano! A massa de brasileiros é o que tem de mais sério neste mundo (sou capaz de sentir os arrepios dos leitores brasilfóbicos). Mas, então, aos fatos.

A torto e a direito, mais torto que direito, criticam nosso Congresso por viver num mundo de troca-trocas (o que é verdadeiro). "Só voto assim se você me der aquilo ali". Bah! É só o que se ouve (e se ouve a verdade). Dizemos que o interesse público é jogado às favas em vista de interesses menores, paroquiais (e é verdade). Mas tudo acaba por se perder quando invocam os irmãos do norte como exemplo de conduta política e como exemplo de civismo.

Vejam só. O senado americano aprovou o "pacote" que iria salvar o mundo (salvar até que não vai, serenar, talvez sim). Bush mandou 102 páginas de projeto e recebeu de volta um projeto com 451 páginas. A engorda não era nada mais, nada menos que troca-trocas. "Você me dá isso e eu lhe dou o voto". Claro, isso dito em inglês – é mais chique – e montados sobre 30% da economia mundial. Nas gordurinhas, que elevaram o pacote de 700 para 850 bilhões, pode-se encontrar a prorrogação de isenções tributárias – que vão da indústria farmacêutica até autódromos –, isenções para vítimas de furacões, recursos para escolas rurais, benefícios previdenciários para doentes mentais, etc. "Bem coisa de brasileiro", dirá o americanófilo brasilfóbico. "Vira-latas", diria Nelson Rodrigues.

Incomoda o desdém com as coisas de cá, como se lá corresse um mar de rosas. Houve quem dissesse que o Obama – negro e muçulmano – corria o risco de ser assassinado (estava nos jornais) e não assumir se ganhasse as eleições. E não seria o primeiro! Há os que ganharam e, no poder, foram mortos. Bush, no voto popular, perdeu as eleições e virou presidente. Lula ganhou no voto, mas há quem tenha saudades de fardas apijamadas. O homem recebe aprovação de cerca de 80% e há quem não o respeite pelo fato de ser um metalúrgico (ou porque não lê jornal). Não precisa gostar... respeitar é da democracia e da boa educação. Por lá e pela Europa, falam em cerca de

300 bancos na iminência da bancarrota. Por cá, soluços e muita cautela. Não estamos fora do mundo, nem o que ocorre no mundo pode justificar o que se faz por aqui. O que não pode é não abrirmos os olhos para o mundo para podermos, sem qualquer responsabilidade, ou sem qualquer brasilidade, afirmar que somos o pior povo do planeta. Não somos! E como não somos!

Eles não podem contar quantos são os que, para não voltar, morrem

– E aí, dona? Se eu chegasse de iate e te pedisse pra casar em Paris?

– Por que tá me dizendo isso?

– Tu me veria diferente, não é? Eu seria grandão e poderia tudo?

O fim da tarde caía sobre o silêncio do Rio Guaíba. O sol se preparava para morrer nas águas do dia sem vento enquanto a primavera ornamentava-se com a nova vestimenta; saía o branco e assumia a cor da tormenta.

O guri pronto para deixar a Febem – hoje com novo nome, Fase –, Febem, por que não?, pois, mesmo trocando o nome, o resto vai sempre como sempre foi. Cadeia para adolescentes, isso!, penitenciária juvenil, como diz o poeta, "não é o mesmo, mas é igual". Ele se preparava já pela terceira vez para voltar ao mundo de nós outros. A roupa da estação nova é o gris, é da cor das tempestades.

A pergunta da instrutora, a dona dos olhos do jovem, foi sem rodeios:

– Já tá pensando em voltar de novo, ou dessa vez tu

vai pra não voltar?

– Não, dona... não penso em voltar ou não voltar, penso na liberdade da rua, no pisante maneiro, no bagulho da hora. Não penso nisso aqui não, dona! Em dez minutos, sou filho da sorte, outra vez...

O portão já ia aberto e a bocarra do mundo o esperava com apetite de sangue tenro. Antes dos passos definitivos, os olhos iam presos no sol esborrachado no espelho das águas e a mente zanzando tranquila pela curta vida de tantas e tantas experiências tão vividas, tudo, tudo como outra vez. E a fala, e assim é a vida real, foi categórica:

– E aí, dona? Se eu chegasse de iate e te pedisse pra casar em Paris? Eu seria grandão...

Dado o veredito, retomou o olhar no destino e ganhou os caminhos do para sempre. Na calçada, o olhar seguro procurava um sentido para a vida, parado, cabeça para um lado, cabeça para o outro, pronto, "é pra lá, me vou", e se foi.

A dona com tanta vivência de vida, com tanto estudo na mente, com sinceras preocupações de gente humana, inquietava-se: "Quantos voltam?, recuperamos quantos?, quais os números? e os que morrem?".

As ruas têm fome de olhares humanos e sede de sangue tenro! Eta bocarra temível!

Na cabeça daqueles presidiários juvenis, há um só pensamento: grandão, como nas novelas globais. Chegar de iate, casar em Paris! Pisante da hora, incluir e excluir? Roupa da marca, excluir ou incluir? Grandão, afinal, é assim que nós outros tratamos bem ou maltratamos, incluímos ou excluímos. Nós outros nos mostramos assim!

Globais! Grandões! Bocarras enormes entupidas de gente com sangue tenro.

Os números nos podem mostrar?

Pois bem, ali estava a dona buscando tais números, procurava o que lhe arrefecesse os sentimentos ingênuos. Quantos? Quantos? Quantos? De que modo se quantifica o vômito social? Recobramos quantos? Quantos morrem? Quantas vezes um adolescente vai e volta, ou simplesmente vem para, ao sair, não mais voltar? Como cumprir a função para a qual a dona é paga? "E se eu chegar de iate e te pedir para casar em Paris? Grandão!". Só assim o guri da Febem se vê viável na bocarra de nós outros. Seu sangue tenro está pronto para ser bebido, seus olhos já encontraram o destino marcado nas calçadas da vida.

O fato é simples: o Estado não tem a menor ideia sobre o destino dos adolescentes que um dia passaram por dentro de si, pela Febem. Toda vez que um jovem sai de uma penitenciária juvenil como é a Febem, estará entregue ao seu próprio azar e à nossa enorme falta de sorte. O despreparo é tanto – ou, por outro lado, tal é a convicção – que os números, as estatísticas sobre os egressos da Febem simplesmente não existem.

Para ser justo, uma coisa é certa e uma estatística parece existir: o Estado sabe que não pode contar quantos são os que, para não voltar, morrem.

Uma tevezinha de 14 polegadas

"Doutor, doutor!", aproximou-se o garçom e sussurrou com ênfase no meu ouvido ocupado pelos negócios do governo. "Sim?", perguntei-lhe, e levei o ouvido ao encontro da mensagem, deixando abandonados os meus deveres na reunião.

A manhã estava limpa, azul como só acontece por aqui. Não sei por que, naquele dia, uma terça-feira, resolveram chamar uma reunião do "centro do governo" para um local singular: o Salão dos Banquetes. No Palácio Piratini, sede do governo gaúcho, existe esse lugar. Sisudo, classicão, sóbrio, com mobiliário adornado por pratarias e outros fricotes.

Era o primeiro governo do PT no Rio Grande do Sul. Estávamos, para variar um pouco, sob o fogo cerrado da oposição. Nas terças-feiras, no nosso Parlamento, decidia-se a pauta política. Se bem me lembro, nos reunimos para tomar decisões relativas aos debates parlamentares e aos passos que deveríamos construir na direção do final do governo.

"Diga", falei ao garçom. "Um avião bateu num edifício em Nova Iorque". "Mesmo? Está bem, obrigado". "Está passando direto na televisão", disse-me, sabedor da importância da informação que portava. "Não é possível!". "Sim, está passando direto". Levantei e, junto com meu informante, dirigi-me à cozinha, uma sala contígua ao Salão dos Banquetes. Quando entrei, toda a segurança, cozinheiros, copeiros, assessores, todos, embasbacados, de olho na telinha. De fato, era uma fumaceira horrorosa saindo de uma das torres do World Trade Center em Nova Iorque. Acreditem, quando me preparava para voltar ao trabalho, tive tempo para assistir ao segundo choque, contra a segunda torre. Ao vivo e a cores e numa tevezinha de 14 polegadas aboletada sobre a geladeira da cozinha do Salão dos Banquetes do Palácio Piratini, assisti, boquiaberto, à queda do maior símbolo do capitalismo ocidental; numa tevezinha de 14 polegadas, vi o Império ruir.

Voltei para a reunião e informei o governador sobre os fatos e, como em qualquer reunião, pusemo-nos a discutir o acontecido. Nossa pauta foi para as favas. O mundo, inclusive nós, estava estarrecido com a magnitude do maior terremoto político do pós-guerra.

Lembro que, dali até uns dez dias seguintes, não havia outro assunto que não o do ataque às Torres Gêmeas. No mesmo dia, e me lembro bem, pela volta da hora do almoço, o governo do Rio Grande do Sul, o primeiro no Brasil, fazia publicar uma nota de repúdio ao ataque e solidarizava-se com o povo inocente vitimado pela hostilidade do ato.

Hoje, quando escrevo, 11 de setembro de 2010, o céu

não está azul em Porto Alegre. Há uma chuva morrinha, um lusco-fusco impedindo a visão de todas as manhãs; o Rio Guaíba está engolido pelo cinza da chuva densa. Os jornais todos relembram o fato e, ao invés de solidariedade humana ou campanhas pela paz, estampam manchetes de um reverendo ignóbil que não sabe nada além de lidar consigo mesmo; ele se chama Terry Jones, o idiota que disse que queimaria o Alcorão, o livro sagrado do islã. Questionam a mesquita a ser construída perto do chamado "marco zero", mas não falam do povo muçulmano ordeiro que, cultuando uma religião pacífica, somente nos Estados Unidos, pode ser contado às dezenas de milhões.

Sim, lá se vão nove anos de reflexões e parece que esse tempo todo para nada serviu. Aprendemos pouco.

Dizem que Terry Jones, o idiota, teria somente trinta seguidores. Ora, contem-me outra. Trinta são os assumidos, os que têm a vergonha na cara pelo menos para revelar suas estupidezes, e os outros? Os que botam lenha na fogueira, mas se escondem por detrás das nuvens da internet e da opinião ligeira e irresponsável? Os trinta sabemos quem são, portanto, não os temamos; já os enrustidos, os dissimulados, parecem ser alguns milhões. Desses, sim!, a humanidade tem muito a temer.

Lembro-me como se fosse hoje, mas se passaram nove anos. Dos que participaram daquela reunião, tenho contato com dois ou três; os demais, tomara que estejam por aí espalhando bom senso e a tolerância para com os nossos diferentes.

As Torres de Vento e um xiita qualquer

De terno Zenga, gravata Kenzo, camisa alva de 360 fios com botões de madrepérola, sapatos do mais puro cromo alemão, cuecas samba-canção de algodão egípcio e meias com cintas-ligas grudadas nas panturrilhas. Na pressa dos preparativos, não vestira as calças. Passos de John Wayne, pernas arqueadas e andando lentamente, vazava a avenida. O colete de caçador empanturrado com bananas de dinamite entreligadas por uma parafernália de fios. Ouve-se somente o tilintar das latinhas de Neocid dependuradas com barbantes de supermercado batendo-se entre si; são brancas e amarelas, dezenas; olhos fixos nas torres, numa das mãos vai a pasta 007 vomitando petições, na outra, o detonador. No cinto, crocodilo da gema, pendurado no coldre de vinil, para alguma emergência, uma bomba manual de "flite". Sim!, essa é a cena, carros parados, gritos de mulheres apavoradas perdendo-se pelo parque e pela vila cercada de pompas públicas e prédios de mármore adornados com vidros fumê. O esquadrão antibombas está a postos. O governador chama o gabinete de crise e, enfurecido, pergunta: "Como? Não temos um esquadrão anti-Neocid? Imprestáveis! Como não pensaram nisso antes? Tenho que resolver tudo, tudo?!". Lá vai ele, azar do governador, olhos fixos, dinamite e Neocid, será um chaticídeo. "Oh, meus Deus! Meu Deus!", é o grito que foge de um gabinete qualquer escondido nas Torres de Vento.

Dia desses, ele entrou na minha sala como um fanático: "Sou um xiita, sou um xiita", e andava de um lado para o outro, soltando a goela: "Xiita, isso mesmo, xiita é o que eu sou".

"Calma parceiro! O que está acontecendo?". "Tu viu a última dos caras? Viu?", questionou-me, ríspido. "Que caras?", perguntei-lhe, aquietando-me logo. Olhou para os lados, dobrou o corpo, querendo encontrar algo por debaixo das mesas e dos birôs, virou o rosto para os dois cantos, olhar bem esticado, e sussurrou-me: "Aqueles, os caras daqueles dois prédios ali, das torres". Apontava para as chamadas Torres Gêmeas, sede do Ministério Público Estadual do Rio Grande do Sul.

Tirei a bunda da cadeira e me fui para a janela para ver os tais de prédios. "Bah! São os caras mesmo! Mas o que está acontecendo?", insisti com a calma do psiquiatra especialista em automedicação. "O que está acontecendo, parceria?".

"Quero um colete recheado de bombas, dinamites e um monte de Neocid", falou-me quase em silêncio.

"Neocid?, Mortein Neocid? Aquilo de matar formigas?".

"Sim, formigas, insetos e chatos. O Neocid mata piolhos ladros, mata todos os phthirus das virilhas da humanidade. Será um bum!, e o mundo estará coberto de pó branco e os chatos das nossas virilhas serão mandados dessa pra outra!". Os olhos brilhavam com a engenhosidade concebida como justiça.

"Calma! Tu não fala coisa com coisa. Que história é essa de dinamite?, Neocid?, pega leve, tô ficando preocupado", falei, louco de arrependido, na verdade, gostara da ideia e estava morto de inveja.

Sentou-se e apoiou o cotovelo do braço direito sobre a mesa, a palma da mão sustentou-lhe a fronte. Mirava o tampo de madeira, descortinando todos os assuntos que por ali transitaram na última década. Refletiu como se realmente estivesse a ponto de resolver os problemas do mundo. "Ora, parceiro", a fala se fez tranquila, cuidadosa como o camicase preocupado em usar capacete antes de se espatifar no porta-aviões. "Fiquei sabendo que os tais caras, aqueles... aqueles...", com a cabeça ainda apoiada, acenava na direção das torres vistas do nosso escritório, "estão prometendo fazer duas outras", disse. "E nós somos os xiitas! Falamos, somos simples cidadãos e dizem que somos radicais e injustos! E as duas torres estão ali, desintegrando-se, caindo aos pedaços, demolindo-se a si mesmas e demolindo-me por dentro, Torres de Vento! Não faz cinco anos dessas e já querem outras duas". O parceiro mirava o tampo da mesa e repetia: "Neocid neles, Neocid".

Entendi o tema e, para acalmá-lo, resolvi fazer a brincadeira fora de hora: "A mega-sena acumulou, quarenta milhões, grana pra dedéu".

"Pois é", retrucou-me com o olhar ao longe, como quem calcula a quantidade de Neocid necessária para acabar com os chatos de plantão, como quem está pronto para absolver as virilhas do mundo. "Vamos de bolão?".

Num piscar de olhos, havia sumido. Tudo estava pronto. A cena foi a que relatei. A confusão foi real. Meu parceiro acabou preso. Soltei o cara mediante fiança, setecentos pilas. Ah!? Os prédios do aparato de justiça? Um de Brasília custará trezentos e sessenta milhões. As Torres de Vento daqui, barato, uns cem milhões. O meu parceiro? Está na Pinel, grita esmerilhando a goela: "Sou xiita, xiita é o que sou".

Outras publicações da Dublinense

LITERATURA BRASILEIRA · ROMANCE

Crime na Feira do Livro · *Tailor Diniz*

Fetiche · *Carina Luft*

Sob o Céu de Agosto · *Gustavo Machado*

Se eu olhar pra trás · *Ademir Furtado*

LITERATURA BRASILEIRA · CONTO

Contos da mais-valia & outras taxas · *Paulo Tedesco*

Daimon junto à porta · *Nelson Rego*

O homem despedaçado · *Gustavo Melo Czekster*

A vida é breve e passa ao lado · *Henrique Schneider*

NEGÓCIOS

Endomarketing inteligente:a empresa pensada de dentro para fora · *Daniel Costa*

A próxima geração: como a sucessão familiar influencia a estratégia empresarial · *Fernando Villarinho*

Minha trajetória: um vendedor no mundo dos negócios e da política · *Moacir Volpato*

Conheça também nossos ebooks.

Para consultar nosso catálogo completo e obter mais informações sobre os títulos, acesse www.dublinense.com.br.

dublinense

Este livro foi composto em fontes Arno Pro e Bureau Eagle e impresso na gráfica Pallotti, em papel pólen bold 90g, em maio de 2012.